北京市教育科学"十三五"规划2016年度重点课题
（课题批准号：CADA16038）成果

STEM 创新教学模式与实践

李艳燕　黄志南　著

电子工业出版社
Publishing House of Electronics Industry
北京·BEIJING

内 容 简 介

本书系统地介绍了 STEM 教育的有关内容，主要包括 STEM 教育的产生及发展历史、STEM 教育在世界各国中的具体实施、典型 STEM 教学模式及其应用、教学活动设计流程和教学研究案例等。

本书采用的各章节内容是基于团队多年从事 STEM 教育教学实践研究总结的成果，并呈现了丰富的典型案例。在本书每节末尾，我们都设置了"动动脑筋思考"环节，在帮助读者回顾所阅内容的同时激发读者探究更多关于 STEM 教育的内容。

本书在内容的组织上突破传统的做法，强调阅读的策略性和及时性，使读者在实践操作之前不必通读全书就可以获取所需信息。本书在前言中介绍了全书概貌，整体呈现本书各章节之间的逻辑结构和内容要点，方便读者根据自身需求进行策略性阅读（如老师可以重点选读第 1 章、第 4 章和第 5 章）或即时性阅读（如想了解科技馆 STEM 科普活动的设计，可以快速定位第 4 章来参考活动设计详例），以达到个性化、高效率阅读的目的。书中还提供了诸多评价量规的样本、表格、指南、范例和准备性文件，帮助读者实施基于 STEM 的教育教学及研究。

本书可作为中小学老师、高校老师进行 STEM 教育教学实践研究的参考书，还可作为教育管理部门相关人士、科研院所及科技馆等 STEM 教育从业人员的自学用书。

未经许可，不得以任何方式复制或抄袭本书之部分或全部内容。
版权所有，侵权必究。

图书在版编目（CIP）数据

STEM 创新教学模式与实践 / 李艳燕，黄志南著. — 北京：电子工业出版社，2019.5
ISBN 978-7-121-35134-1

I．①S… II．①李… ②黄… III．①创造教育－教学模式－研究 IV．①G40-012

中国版本图书馆 CIP 数据核字（2018）第 224856 号

策划编辑：孟　宇
责任编辑：章海涛
印　　刷：北京虎彩文化传播有限公司
装　　订：北京虎彩文化传播有限公司
出版发行：电子工业出版社
　　　　　北京市海淀区万寿路 173 信箱　邮编：100036
开　　本：787×1092　1/16　印张：12　字数：212 千字
版　　次：2019 年 5 月第 1 版
印　　次：2023 年 8 月第 10 次印刷
定　　价：52.00 元

凡所购买电子工业出版社图书有缺损问题，请向购买书店调换。若书店售缺，请与本社发行部联系，联系及邮购电话：（010）88254888，88258888。
质量投诉请发邮件至 zlts@phei.com.cn，盗版侵权举报请发邮件至 dbqq@phei.com.cn。
本书咨询联系方式：mengyu@phei.com.cn。

序

瑞士著名发展心理学家皮亚杰曾说："儿童就是科学家。"每个孩子天生就具有强烈的好奇心和探究欲，他们通过自主的探索活动获得对世界的了解和认知。可以这样说，探索精神是儿童与生俱来的重要基因，探索活动是儿童成长不可或缺的重要组成部分，探索能力是儿童持续一生的重要能力。从这个角度来讲，每个孩子都是天生的"科学家"。

学生综合素质的培养与课堂组织形式有很大关系。我国课堂目前还是以传统的单学科学习方式为主，课堂上多采用传统的讲授式教学，学生自主合作探究的深度和广度不够。各学科知识割裂，不能有效地建立起知识与生活的联系。学生学到的知识和技能难以实际运用，综合处理问题的能力不强。此外，对学生学习评价的方式比较单一，很难对过程性学习成果进行跟踪，形成完整有效的评价体系。这与我国培养创新型人才的目标相差甚远，创新型人才的培养缺乏科学的课程体系和具体实施模式。

著名教育家陶行知先生说过这样一句话："处处是创造之地，天天是创造之时，人人是创造之人。"从根本上说，人们的思想观念会发生由传统惯性的自然思维方式到开放的、系统性的、挑战性的思维方式的转变，从而形成思辨的学习观，进一步形成相应的世界观、人生观和价值观。不论老师还是家长，如果我们能够在观念和做法上有些改变，那么就有可能呵护每个孩子的探索精神，提升每个孩子的探索能力，让我们的孩子多一份想象力和创造力。

STEM教育理念的传入无疑将会对我国综合性人才的培养和劳动力水平的提升产生积极的促进作用。然而，如何将具有中国特色的科学、技术、工程和数学领域人才的培养提升至国家高度，让教育管理者、老师、学生、家长和社会各界人士真正明确STEM教育的目的并去推动，值得我们思考。

如今，我国中小学校开展了STEM教育，我们所要关注的不仅是将原来作为分科教学的数学、物理、化学和技术等学科整合为一门课程，而且更要关注STEM教育带给我们在整个学校教育变革过程中的理念的冲击，包括从封闭走向开放，从分科走向融合，从重结果到重过程，从强调个体到关注合作，从学习知识到解决问题，从被动学习转向主动参与。

本书是在大量的 STEM 教学实践的经验基础上积累的成果。一种成功的教育理念和模式应当是广受各界所关注并协同参与的，因此在构思本书时，我们想要与之讨论的读者受众不仅局限于中小学老师、高校老师及教育管理部门相关人士，还想邀请企业、科研院所及科技馆等单位的从业人员共同参与 STEM "大家庭"的建设。毋庸置疑，"家庭"和"社区"更是不可或缺且最为基础的两名成员。希望本书能为每位从事 STEM 教育教学实践研究的同行带来或多或少的启发。

前　言

近年来，STEM 教育开展得如火如荼，大力推行跨学科综合教育的思想如和煦的春风吹遍了祖国大地，成为教育界乃至全社会关注的热门话题。

撰写一本真正的 STEM 教材是我们这几年一直努力的方向之一。翻看 5 年来出版过的种种关于 STEM 教育的书籍，发现大多是关于如何引导学生学习，而对老师如何教的内容涉及甚少，且内容太过粗疏，言不尽意之处甚多。于是我们研究团队扎根一线，围绕老师如何设计 STEM 活动，如何开展 STEM 教学，如何进行 STEM 教育研究做了很多的实践和研究，几乎所有的读书和写作都是围绕着完成一本较为理想的 STEM 老师指导用书进行的。

STEM 是一种教育理念，有别于传统的单学科、重书本知识的教育方式，它是一种重实践的超学科教育概念。如今各地都在争相开设 STEM 课程，是不是每个学校都适合、都有能力开展 STEM 教育？这是个值得我们深思的问题。"教育力量，师资先行"，要发展 STEM 教育，最大的制约因素是没有足够的优秀老师。长期以来，分科教育越分越细，老师的专业越来越窄，而"综合"是 STEM 教育的根本特性。对于广大教育工作者来说，STEM 教育是机遇，更是全新的挑战。

本书是试图在总结国内外丰富的 STEM 教育教学实践经验基础上，进行符合中国本土 STEM 教学的一种尝试和探索。全书内容共分为 6 章。

第 1 章：什么是 STEM 教育

在我国中小学积极推进 STEM 教育的过程中，我们有必要先从概念上了解"STEM 教育"究竟是什么，理清 STEM 教育的产生、发展及兴起的历史脉络，分析 STEM 教育与传统教育的关系，以及 STEM 教育在我国落地和发展的基础，等等。只有明白了这些问题，我们才能更好地把握 STEM 课程设计与开发的精髓。在本章最后，我们甄选了一个基于 STEM 的教学案例，提前帮助读者整体感受 STEM 教育的核心思想。

第2章：STEM教育的发展

本章首先将全面呈现STEM教育在以美国为首的世界多国中的政策引导和实施形式，详细介绍美国、芬兰、德国和日本4个国家的STEM教育典范项目。然后以国内STEM教育为研究对象，采用科学计量、聚类分析等一系列科学量化的方法对国内STEM教育的发展历程、研究热点进行分析。最后重点将研究对象聚焦在国内工程教育上，对其发展历程、研究热点的迁移与变化等进行数据统计及可视化分析。在此基础上，深入反思我国STEM教育实践的薄弱环节，以及进行STEM教育实践之前我国学校教育具体存在的问题和障碍，进而能够准确回答STEM教育帮助我们解决或者缓解了哪些教育问题。在本章最后，我们呈现了一个玩具行业在STEM教育中的实践研究，帮助读者了解STEM教育具体的应用领域。

第3章：STEM创新教学模式

STEM教育与传统的知识点驱动的教学不同，它是真实情境下的学习、跨学科的综合性学习、面向高阶思维和高级技能的学习。它可以基于问题、项目，也可以基于设计，还可以基于团队合作。我们要清楚认识到，学习STEM教育不是"仿其形"，而是"学其神"，如何转变老师的定式教学思维，在STEM课堂中引导学生进行科学实践或科学探究，这无疑对我国传统课堂模式提出了极大的挑战。本章将根据STEM教育的内涵及核心素养，分析和论述适用于STEM教学的两种成熟并应用广泛的教学模式——PBL教学模式和工程设计教学模式。在此基础之上，我们将协作学习和探究学习二者的优势融为一体，形成了"协作—探究"教学模式（CIL），进一步优化了STEM教学模式。

第4章：STEM创新活动设计

STEM课程的设计与开发要紧紧围绕学校的育人目标。从我国中小学校在STEM教育方面开展的实践来看，主要呈现出两个显著的特征：第一，重视学科融合，尝试课程重构；第二，大量地引入、依托教育信息技术产品。如何在实现学校育人目标的大前提下，结合适用于STEM的教学模式进行案例的开发，将是本章重点讨论的内容。我们将延续第3章的思路，从PBL教学模式、工程设计教学模式及CIL教学模式提出STEM活动设计的操作程序，并在各类活动设计后附上甄选出的1~2个代表案例，如"净水大作战""Building towards the Future"等。每个案例都附有详细的设计分析、操作流程及学习任务单，全方位地带领读者体验 STEM 教育在中小学课堂、大学课堂及科技馆教育活动中的实现方式，相信会给读者带来一次难忘的 STEM 之旅。

第 5 章：STEM 教学研究实践

对于 STEM 教育而言，教学模式的探究也好，课程活动的开发也好，最终都要落地于课堂教学，从实践中去验证和更新旧理论，并从课堂信息和数据中归纳发展新学说。本章我们通过追溯教学研究的发展时期，论述适用于 STEM 教学研究的方法并提出科学的教学研究范式。然后回答如何科学、量化地检验教学效果的优劣，有哪些适用于 STEM 教学的评价手段，并分别呈现了两个 STEM 教学研究代表案例，即在小学开展的基于工程设计的创新教学研究与在大学开展的基于"协作—探究"的创新教学研究。本章将带领读者通过感受教学研究的实践过程来获得启发，从而自发地去探索融合学科的 STEM 教学研究实践新模式，这将对中小学和高等院校开展 STEM 教育研究实践具有建设性的帮助。

第 6 章：STEM 教育的未来与展望

从传统教学到 STEM 教学的转变所带来的将不仅是学校具体教学科目的变动，而且将是学校教育的教学模式、学校的育人理念的一次深刻变革。最后一章分为 STEM 教育前行之难、探索之路、理想之光三部分来论述，重点回答了未来 STEM 教育在整个学校教育体系中广泛开展所面临的阻碍，STEM 教育在 VR、AR、大数据等当下社会和科技方面的融合和应用，以及社会各界对于推动和践行 STEM 教育需要做的准备。

STEM 教育是一门艺术，是一项智者的工作。本书的出版是想通过介绍我们开展的基于 STEM 的创新教学实践，把这些教育实践作为经过测试的典型案例推荐给读者，帮助从事 STEM 教育实践的一线老师学习怎样设计并实施基于 STEM 的教学，引导更多老师积极深入地开展 STEM 教育教学实践，养成总结与反思的习惯，促进老师专业水平的提升。另一方面，通过优秀 STEM 教育成果的交流与推广，对各学校探索基于 STEM 的"教与学"的变革发挥促进作用，真正推动学校"内涵"发展。同时引领广大老师走上研究之路，营造更加浓厚的教研氛围，也为研究 STEM 教育的专家学者提供参考，把实践问题提炼成科学研究问题进而转化为理论课题。

本书的完成要特别感谢整个研究团队成员的积极贡献，感谢包昊罡、董丽娜、蒋梦璐、韩雪、郑婧等为本书提供了丰富的实证材料，感谢李小杉、董笑男、欧阳稷等为编辑本书所有内容所付出的辛劳，感谢电子工业出版社在短时间内高效地完成了出版工作。

  本书受到北京市教育科学"十三五"规划 2016 年度教育教学实践研究重点课题"STEM 教育视角下中小学科学教学模式创新实践研究"（课题批准号：CADA16038）的支持和资助。愿本书能成为 STEM 教育实践研究园地的一朵鲜花，我们期望"一花引来百花开"，迎来 STEM 教育课程改革、迎来我国教育生态更新、迎来社会各界共同关注的万紫千红的春天！

编 者

2019 年元旦

目　　录

第1章　什么是 STEM 教育 ··1

1.1　STEM 教育的前世今生 ···1

　　STEM 教育产生的背景 ··1

1.2　揭开 STEM 教育的面纱 ···2

　　STEM 教育素养 ··2

　　STEM 教育的核心特征 ··4

1.3　为什么要发展 STEM 教育 ···6

　　社会转型的现实需要 ···6

　　未来教育发展新方向 ···7

1.4　从 STEM 到 STEAM ··8

　　STEAM 产生背景 ··8

　　STEAM 教育理念 ··8

1.5　奥利奥饼干的 STEM 化身 ···9

　　奥利奥饼干的科学献身 ··9

　　奥利奥饼干的工程实践 ··11

　　奥利奥饼干的数学融合 ··12

　　参考文献 ··14

第2章　STEM 教育的发展 ··15

2.1　国际 STEM 教育的发展 ···15

　　美国 STEM 教育 ··15

　　芬兰 STEM 教育 ··17

　　德国 STEM 教育 ··18

　　英国、法国 STEM 教育 ··19

　　日本、韩国 STEM 教育 ··20

2.2 国际 STEM 教育典范案例 ·· 20
美国 PLTW 项目 ·· 20
芬兰 LUMA 项目 ·· 21
德国 MINT 项目 ·· 21
日本 STEM 项目 ·· 22
2.3 国内 STEM 教育的发展 ·· 23
国内 STEM 教育发展历程 ··· 23
国内 STEM 教育研究热点 ··· 24
2.4 STEM 教育聚焦工程教育 ·· 28
国内工程教育一瞥 ·· 29
国内工程教育的发展特点 ··· 35
2.5 STEM 教育实践初探 ··· 37
参考文献 ·· 39

第 3 章 STEM 创新教学模式 ·· 41
3.1 STEM 创新教学模式——PBL 教学模式 ··························· 42
PBL 的教学流程 ·· 44
3.2 STEM 创新教学模式——工程设计教学模式 ····················· 45
常见的工程设计教学模式 ··· 46
典型的工程设计过程 ·· 47
3.3 STEM 创新教学模式——CIL 教学模式 ·························· 49
CIL 教学模式与 STEM 教学模式 ································· 50
参考文献 ·· 55

第 4 章 STEM 创新教学活动设计 ······································ 57
4.1 PBL 教学活动设计 ··· 58
PBL 教学活动设计流程 ··· 58
PBL 教学活动设计案例 ··· 61
【案例一：净水大作战——设计一个污水处理装置】 ········· 61
【案例二："星空的召唤——PBL 的望远镜主题教育活动"】 ··· 66
活动展示：探秘伽利略望远镜 ···································· 72

活动展示：揭秘开普勒式望远镜 ··· 75
4.2　工程设计教学活动设计 ·· 79
　　工程设计教学活动设计流程 ··· 79
　　工程设计教学活动设计案例 ··· 81
　　　【案例一：基于 Arduino 的智能社区】 ··································· 81
　　　活动展示：马达的转动 ··· 86
　　　活动展示：我的 Arduino 智能小车 ······································· 89
　　　【案例二：Building towards the Future】 ································ 92
　　　活动展示：学习三维坐标系 ··· 95
　　　活动展示：学生操作真实的三维坐标系 ·································· 97
　　　活动展示：摩天大楼的结构及其设计原理 ······························ 98
　　　活动展示：设计报纸塔——怎样抵御强风 ······························ 99
　　　活动展示：从设计图纸到验证——设计巴尔萨塔 ···················· 100
4.3　CIL 教学活动设计 ··· 102
　　CIL 教学活动设计流程 ·· 102
　　CIL 教学活动设计案例 ·· 104
　　　【案例：人工智能教育应用】 ··· 105
　　　活动展示：小车主题活动——出租车计价器 ························· 107
　　　活动展示：竞速赛车 ··· 109
参考文献 ·· 112

第 5 章　STEM 教学研究实践 ··· 114

5.1　如何开展 STEM 教学研究 ··· 114
　　基于设计的研究 ·· 114
5.2　面向 STEM 的教学评价 ·· 117
　　国外 STEM 教学评价 ·· 117
　　国内 STEM 教学评价 ·· 119
　　关于构建 STEM 评价体系的一些思考 ······································· 120
5.3　工程设计教学研究案例 ·· 121
　　工程设计的小学科学 STEM 教育活动研究 ································· 123
　　　【活动设计阶段】 ·· 123

		【活动实施阶段】	130
		【研究结果分析与评价】	134
	5.4	CIL 教学研究案例	141
		第一轮迭代研究	142
		第二轮迭代研究	143
		第三轮迭代研究	145
		CIL 中教学环节设置的变化	148
		CIL 教学模式的效果分析	149
	参考文献		151

第6章 STEM 教育的未来与展望 ... 153

- 6.1 STEM 教育前行之难 ... 153
  - 关于 STEM 课程 ... 154
  - 关于 STEM 教师的发展 ... 158
- 6.2 STEM 教育探索之路 ... 160
  - STEM 与 VR/AR ... 160
  - STEM 与大数据 ... 161
  - STEM 与人工智能 ... 161
  - 6.3 STEM 教育理想之光 ... 162
- 参考文献 ... 164

附录 A ... 166

附录 B ... 179

第1章　什么是 STEM 教育

1.1　STEM 教育的前世今生

STEM 教育产生的背景

◇ 国际竞争力相对下降

自 20 世纪 90 年代起，在世界自由市场经济浪潮的冲击下，世界经济开始紧密地联系在一起，出现了前所未有的增长。许多发展中国家开始将科学和技术作为经济增长和发展的推动力，并且着手发展更多知识密集型经济。在这种经济结构中，研发知识密集型经济发挥着更多的作用，而科学、技术、工程和数学正是知识密集型经济所需的基本技能。美国意识到自己的国际地位将受到新型经济体的挑战，为了应对这一可能出现的威胁，美国开始反省自己的教育，尤其是与研发密切相关的科学、技术、工程和数学教育。

◇ **STEM 人才衔接不当**

随着高等教育的普及，世界各国高等教育的发展速度惊人。尤其在亚洲，据估计，从 1980 年到 2000 年，大约增加了 1.2 亿具有高等教育学历的人。中国、印度、韩国、菲律宾和泰国，这几个国家受过高等教育的人数总和占世界受过高等教育人口总数的比例从 14% 上升到 25%。

相比较而言，美国人才的优势在不断减小，加上外国学生与在美人才的比例越来越大，使得美国产生了空前的危机感。因此，美国加强 STEM 教育刻不容缓，上至国会、联邦政府，下至中小学、各学术团体，都在制定对策大力发展 K-12 教育阶段的 STEM 教育，进而提高美国 STEM 教育的整体竞争力。

◇ **工程和技术教育发展不足**

美国劳动统计局数据表明，科学和工程的工作岗位的增长率占总体工作岗位增长率的 70%，STEM 毕业生比其他领域毕业生享有更好的工作前景和更高的工资待遇。STEM 人才的短缺势必形成该领域人才的增值。

加强 STEM 教育人才的培养有两个原因：第一，给高等教育输送更多的 STEM 人才，使其毕业后走上工程、技术等工作岗位，为社会创造更多的价值；第二，对于进入大学后没有选择 STEM 学科的学生来说，学校同时肩负着提高非 STEM 学科学生整体素质的重任，从而使其能够在知识密集型社会发展中具备更强大的竞争力。

STEM 这一概念的提出，正是源于美国面对国际人才竞争和经济发展压力下对人才培养的反思，反映了美国对 21 世纪科学技术发展的敏锐洞察力。STEM 教育在美国是一场影响中小学和大学教育的一体化运动。

动动脑筋思考
STEM 教育产生的驱动力有哪些？

1.2 揭开 STEM 教育的面纱

STEM 教育素养

早在 1986 年，美国国家科学基金会发表的《大学的科学、数学和工程教育报告》

中首次提出将"科学、数学、工程和技术教育进行整合",这份报告中提出的纲领性意见被视为 STEM 教育的开端。

STEM 是科学(Science)、技术(Technology)、工程(Engineering)和数学(Mathematics)4 门学科的简写,将这 4 门学科缩写是为了强调 STEM 教育是一个偏理工的多学科交融的研究领域。STEM 教育被称为"元学科"(Meta-Discipline),教育过程中并不是将科学、技术、工程和数学知识进行简单叠加,而是强调将原本分散的 4 门学科内容自然组合形成一个整体,同时融合培养这 4 种素养,如图 1-1 所示。

图 1-1　STEM 教育素养

✧ **科学素养(Scientific Literacy)**

科学素养是一种运用科学知识和过程(如物理、化学、生物科学和地球空间科学)理解自然界并参与影响自然界的有关决策,主要包括生命与卫生科学、地球与环境科学、技术科学三大领域。

✧ **技术素养(Technological Literacy)**

技术素养是指使用、管理、理解与评价技术的能力。学生应当知道如何使用技术,并且了解技术的发展过程,具备分析新技术如何影响自己、国家乃至整个世界的能力。技术是对自然环境的革新与改造,以满足人们的现实需求。

◆ 工程素养（Engineering Literacy）

工程素养是指对技术的工程设计与开发过程的理解。工程课程基于项目的形式，整合多门学科知识，将难以理解的概念与学生生活密切融合，激发学生解决问题的兴趣。工程设计是把科学与数学原理系统地、创造性地用于实践的结果。

◆ 数学素养（Mathematical Literacy）

数学素养指学生在发现、表达、解释和解决多种情境下的数学问题时进行分析、推断和有效交流思想的能力。

STEM 教育的核心特征

STEM 教育以整合的教学方式培养学生掌握知识的技能，并能进行灵活地迁移应用，以解决真实世界的问题。融合的 STEM 教育具备新的核心特征：跨学科、趣味性、体验性、情境性、协作性和实证性等。

◆ 跨学科

将知识按学科进行划分，对于科学研究、深入探究自然现象的奥秘，以及将知识划分为易于讲授的模块有所帮助，但这并不能反映我们生活世界的真实性和趣味性。分科教学在科学、技术和工程高度发达的今天已显出很大弊端。针对这个问题，理工科教育出现了取消分科、进行整合教育的趋势。STEM 教育应运而生，跨学科性是它最重要的核心特征。

跨学科意味着教育工作者在 STEM 教育中，不再将重点放在某个特定学科上或者过于关注学科界限，而是将重心放在特定问题上，强调利用科学、技术、工程和数学等学科相互关联的知识解决问题，实现跨越学科界限、从多学科知识综合应用的角度提高学生解决实际问题能力的教育目标。

◆ 趣味性

STEM 教育在实施过程中要把多学科知识融于具有趣味性、挑战性、与学生生活相关的问题中，问题和活动的设计要能激发学生内在的学习动机，问题的解决要能让学生有成就感。

STEM 教育强调分享、创造，强调让学生体验和获得分享中的快乐感与创造中的成就感。有的项目还把 STEM 教育内容游戏化（将游戏的元素、方法和框架融于教育场景），将基于探索和目标导向的学习嵌入游戏中，有利于提高学生的团队技能，有利于教育者讲授交叉课程概念和复杂的科学内容主题，并且可以得到更多、更理想的教育产出。

◇ 体验性

STEM 教育不仅主张通过自学或老师讲授来学习抽象知识，而且强调学生动手、动脑参与学习过程。STEM 教育给学生提供了动手做的学习体验，学生应用所学的科学和技术知识应对现实世界问题，创造、设计、构建、发现、合作并解决问题。因此，STEM 教育具有体验性特征，学生在参与、体验获得知识的过程中，不仅获得结果性知识，而且获得蕴含在项目问题解决过程中的过程性知识。这种在参与、体验中学习知识的方式对学生今后的工作和生活的长远发展会产生深刻影响。

◇ 情境性

STEM 教育具有情境性特征，它不是孤立、抽象地教授学生学科知识，而是把知识还原于丰富的生活中，结合生活中有趣的、具有挑战性的问题，通过解决学生的问题完成教学。STEM 教育强调培养学生将知识进行情境化应用的能力，提高学生理解和辨识不同情境的知识素养。

STEM 教育强调知识是学生通过与学习环境互动来建构的产物，而不是来自外部的灌输。情境是 STEM 教育重要而有意义的组成部分。学生的学习受具体情境的影响，如果情境不同，那么学习的内容也不同。只有将学习融入运用该知识的情境中，有意义的学习才可能发生。

老师在设计 STEM 教育项目时，项目的问题一方面要基于真实的生活情境，另一方面又要蕴含着所要教授的结构化知识。这样，学生在解决问题的过程中，不仅能获得知识，而且能获得知识的社会性、情境性及迁移运用的能力。情境性问题的解决，可以让学生体验真实的生活，获得社会性成长。

◇ 协作性

STEM 教育具有协作性，它强调在群体协同中相互帮助、相互启发，进行群体性知识建构。STEM教育中的问题往往是真实的，真实任务的解决离不开其他同学、老师或专家的合作。在完成任务的过程中，学生需要与他人交流和讨论。

STEM教育的协作性就是要求学习环境的设计要包括"协作"和"会话"两个要素，即让学生以小组为单位，共同收集和分析学习资料，提出和验证假设，评价学习成果；同时，学生通过会话来商讨如何完成规定的学习任务。需要指出的是，小组学习最后的评价环节以小组成员的共同表现为参考，而不是根据个人的表现进行独立评价。

◇ **实证性**

实证性作为科学本质的基本内涵之一，是STEM教育区别于其他学科的重要特征，也是科学教育中学生需要理解、掌握的重要方面。STEM教育要促进学生按照科学的原则设计作品，基于证据验证假设，发现并得出解决问题的方案；要促进学生在设计作品时，遵循科学和数学的严谨思维过程，而非依靠思辨或想象，从而让严谨的工程设计实践帮助学生认识和理解客观的科学规律。

总之，STEM教育不仅注重科学的实证性，而且更强调跨学科情境中通过对问题或项目的探索，培养学生向真实生活迁移的科学精神和科学理性。

动动脑筋思考
STEM教育的理念和核心特征是什么？

1.3 为什么要发展STEM教育

社会转型的现实需要

STEM教育是现代社会科技发展的产物。早在20世纪初，我国基本上没有科学教育，那时的教育比较偏人文。因为当时的社会生产力处于农业社会与工业社会的初期，在那个阶段不需要那么多科学技术方面的人才。在进入工业社会后，我们才开始有了比较普及的学校教育，有了科学类、理工类的教育。

以前我们比较强调"双基"，即基本知识和基本技能两个方面，这是和当时社会的背景和历史生产力的需要相吻合的。随后我们提出了三维目标（知识与技能、过程与方法、情感态度与价值观），在强调基本知识与技能的基础上，突出过程与方法培养的重要性，同时，还强调情感态度与价值观的渗透，它也是影响一个人发展的重要因素。因此希望对孩子的培养能考虑到他们的情感、价值观等方面的一些问题。

现代社会的发展越来越依赖于科学技术的进步，对人的科技素养要求也越来越高。然而在我国，STEM 教育尤其是工程教育相关领域缺少人力、物力和财力支持，相关学会、高校及专家参与度不够高。这使得具有技术及人才储备特征的中小学工程教育被忽视，学生缺乏一定的学习兴趣或学习基础，社会在工程技术人才培养上缺少后备军。因此，我们有必要引入 STEM 教育内容，帮助学生为将来从事不同科技领域的工作做准备，提高社会创新人才培养的质量，节约人才培养的时间成本。

未来教育发展新方向

STEM 教育理念其实是对基于标准化考试的传统教育理念的转型，它代表着一种现代的教育哲学，它更注重学习过程而不是学习结果。从本质上来说，STEM 教育就是敢于让学生犯错，让他们尝试不同的想法，让他们听到不同的观点，让他们创造能够应用于真实生活中的知识。

> "我们在现实生活中遇到的问题越来越具有综合性，这就要求人们必须具有跨学科的综合素养，才能在现代社会很好地生存。我国的基础教育过去以"讲、测、考、练"为主的应试教育模式已不适应现代社会创新发展的要求，因此引入 STEM 教育也是整个社会发展转型的现实需要。"
>
> ——余胜泉教授（北京师范大学）

过去的教育特别擅长解决和定义优良的问题，有的人称其为应试教育，应该说整个亚洲的孩子们都非常擅长解决这类问题。但是对于这种定义不良的、真正生活中的问题，孩子们能不能通过某种方法将其转化为定义优良的、可以解决的问题，这方面的训练是非常少的。

随着社会的发展，越来越多的计算机技术和电子信息技术可能会在很大程度上代替人脑来掌握记忆型知识。未来的社会可能不需要这么多掌握基础知识的人才，因此我们的教育也要做出相应的变化来满足未来社会和生产力的需要。

动动脑筋思考

简单说说开展 STEM 教育的必要性。

1.4 从 STEM 到 STEAM

STEAM 产生背景

自 1986 年美国倡导 STEM 教育以来，STEM 课程不断发展，30 多年来已全方位为美国 K-12 基础教育服务。随着课程的设置及 STEM 教育实践的发展，考虑到综合性学习的本质，美国弗吉尼亚科技大学学者 Yakman 就如何解决学校单一学科教学引起的问题进行了多层面的思考，提出了 STEAM 教育理论。STEAM 是在 STEM 基础上添加了 Arts（艺术）类课程，将传统的学校转变成为综合性学习中心，学生将享有全面接触所有学科的机会。

STEAM 教育中的艺术并不单单指美术，而是有着更深层次的范畴，其包含的人文艺术科目主要有社会研究（Social Studies）、语言（Language）、形体（Physical）、音乐（Musical）、美学（Fine）和表演（Performing）等。在原有的 STEM 教育中加入 Arts，有助于学生从更多视角认识不同学科间的联系，提高自身综合运用知识解决现实问题的能力。

STEAM 教育理念

STEAM 的教育理念以数学为基础，通过工程和艺术解读科学和技术。科学帮助人们认识世界的规律；工程和技术帮助人们根据社会需求改造世界；艺术帮助人们以美好的形式丰富世界；数学为人们的发展与应用科学、工程、艺术和技术提供思维方法和分析工具。图 1-2 详细呈现了 STEAM 教育框架。

STEAM 教育将人文艺术中的"谁来做"和"为什么这样做"加入到 STEM 教育领域中的"做什么"和"怎么做"中，让人和伦理道德在创新过程中扮演重要角色。例如，通过美学艺术的学习，学生能更好地了解过去和现在的审美观，将音乐艺术有情感、有韵律地运用于数学、物理学及通俗语言中，以及运用人文艺术来了解人性、道德、自由、艺术等知识和社会发展。

第 1 章
什么是 STEM 教育

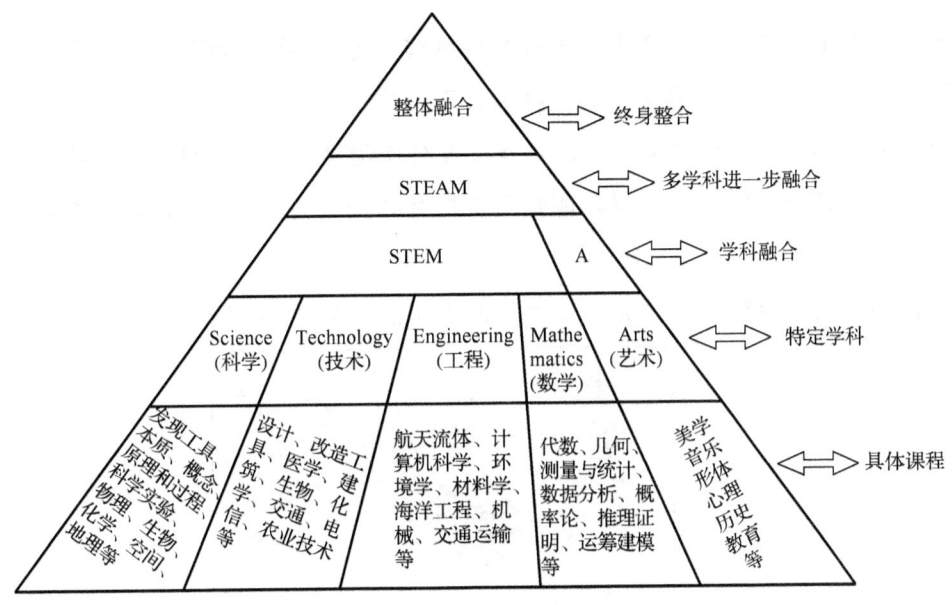

图 1-2 STEAM 教育框架

动动脑筋思考

简单说说 STEAM 教育的核心理念是什么？

1.5 奥利奥饼干的 STEM 化身

为了帮助大家快速地进行 STEM 教育的学习和研究，我们甄选了一个围绕奥利奥饼干开展 STEM 教育的案例——"美国学校用奥利奥饼干开展甜美的 STEM 教育"，通过这个案例来帮助大家热身。本案例的学生均为美国某公立小学三年级的学生。

奥利奥饼干在美国小学的课堂上可不止"扭一扭""舔一舔""泡一泡"那么简单，在 STEM 课堂上，小小的奥利奥饼干能活跃在科学课、数学课和艺术课等课堂中。下面我们就来感受一下奥利奥饼干是如何与 STEM 教育结合的吧！

奥利奥饼干的科学献身

"月相及其变化"这部分内容历来是小学三年级地理教学的难点，也是开展研究性学习最好的选择。一方面，该部分教材设计的相对运动参照系、地球自转、地平面、上中天和历法等背景知识，学生根本没有接触过；另一方面，教材中的"月相成因示意图"过于复杂，且教材语言单调、抽象、艰涩难懂。

为了使小学生进一步了解月亮的形状，充分调动学生的积极性，老师将奥利奥饼干带到了科学课上。学生根据老师课堂上讲授月亮变化的原理，一起动手做甜美的奥利奥饼干月相。

（1）在实践动手前，学生先完成月亮的变化图，如图1-3所示。

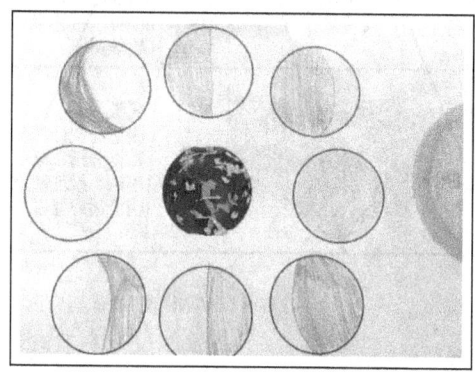

图1-3　月亮的变化图

（2）然后每人用一个小勺子根据老师的要求，挖出奥利奥饼干的白色奶油，制作月相，如图1-4所示。

图1-4　制作图相

在整个动手体验的环节中，学生理解了枯燥的知识，利用奥利奥饼干增强了学生的创造意识与实践精神。奥利奥饼干月相实验只是一个小热身，学生通过挖奶油完成对月相的认识，解决了传统教学的枯燥问题，提高了学生的学习兴趣。

奥利奥饼干的工程实践

　　STEM 教育的另一个理念是通过工程设计来解决生活中的问题。在课堂上，我们还可以运用奥利奥饼干设计模型，激发学生想象力，帮助学生通过团队合作搭建生活中的建筑物，以及引导学生进行工程实践。学生通过将建筑物的设计融入到搭建过程中，利用奥利奥饼干搭建建筑物模型来感受建筑物的稳定性，也可以将所操作的模型及其搭建原理运用到实际生活中，还可以通过小组交流的模式，提高学生合作学习能力，培养学生人际交流和沟通能力。

　　老师通过利用奥利奥饼干摆出各种各样的形状来吸引学生探究的兴趣。同时，可以借助观看搭建建筑物的视频来引导学生感受建筑之美、激发学生好奇心，以及使学生积极融入到动手操作实践中。如图 1-5 和图 1-6 所示。

图 1-5　奥利奥饼干建筑物（1）

图 1-6　奥利奥饼干建筑物（2）

　　在这个工程实践过程中，老师可以组织学生采用小组合作的方式探究建筑物的构成原理。学生可以通过组内头脑风暴讨论如何搭建奥利奥饼干建筑物，也可以进行组间交流。老师在课堂中充当辅助者的角色，引导学生正确地进行探究和实践。老师可以通过组内、组间的互评，了解学生解决实际问题的能力。如图 1-7 所示。

图 1-6　奥利奥饼干建筑物（3）

老师也可以组织学生利用奥利奥饼干完成生活实际建筑物的模型搭建，使学生体验建筑物的稳定性。学生可以通过组内、组间的讨论与交流不断完善设计方案，不断地测试和修改方案，直到最后能获得最优的解决方案，设计出生活中的建筑物。

（1）设计一个停车房，如图1-8所示。

（2）搭建一个可以经受住几枚硬币重量的桥，如图1-9所示。

图1-8　停车房

图1-9　桥

（3）设计一个可以承载一个奥利奥饼干的降落伞，如图1-10所示。

STEM教育鼓励学生"Think Outside of the Box"，即运用创造性思维，通过不断地尝试和总结，找出最有效的解决办法。制作成果是学生学习体验的具体体现，学生通过将所学知识与生活中的实际问题相结合，逐步发展自身的知识迁移能力和解决实际问题的能力。

图1-10　降落伞

奥利奥饼干的数学融合

小学三年级正是小学生好奇心和求知欲比较强烈和旺盛的时期。在小学三年级的数学课中，众数、平均数及中位数这些概念对学生来讲比较抽象，在短时间内学生理解起来很吃力。然而在美国的小学三年级课堂上，为了让学生更好地理解这些数学概念，老师通过让学生动手操作来学习这些抽象的数学概念，使学生对这些抽象概念的学习在奥利奥饼干的加入下，变得生动有趣。

老师通过奥利奥饼干叠罗汉进行分组教学（如图1-11所示），全班学生分成5组，每组做4轮尝试，每轮之后把使用的奥利奥饼干数量记录下来，如表1-1所示。

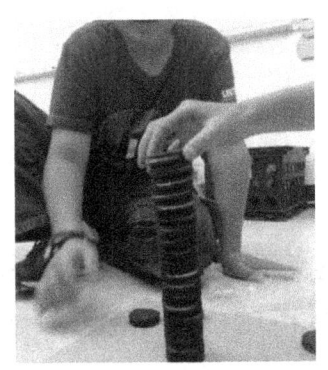 

图 1-11　利用奥利奥饼干叠罗汉

表 1-1　奥利奥饼干实验操作数据

小组	数据1	数据2	数据3	数据4	众数	平均数	中位数
第一组							
第二组							
第三组							
第四组							
第五组							

在动手操作的过程中，学生会对众数、平均数和中位数的概念有比较深刻的理解。在 4 次体验式学习后，学生要把每轮用到的奥利奥饼干的数量画在线形图上，并对老师布置的表格中各项数据进行填充，最后得出众数、平均数和中位数的范围，如图 1-12 所示。

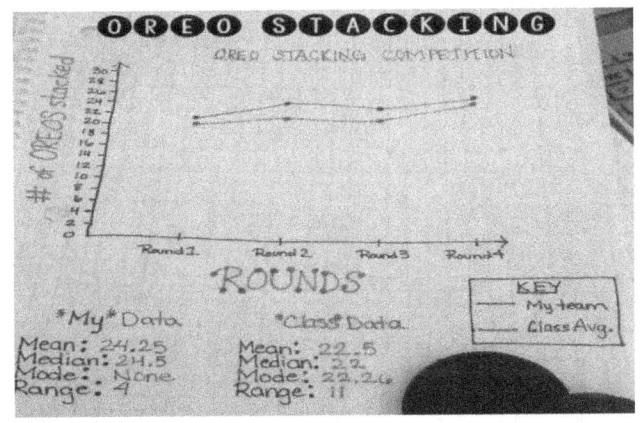

图 1-12　众数、平均数和中位数的统计图

动动脑筋思考

思考还可以借助生活中哪些常见的物品开展 STEM 教育活动？

参考文献

[1] 范燕瑞. STEM 教育研究——美国 K-12 阶段课程改革新关注[D]. 华东师范大学，2017.

[2] 张燕军，李震峰. 21 世纪美国高等教育科学、技术、工程和数学教育的问题及其应对[J]. 比较教育研究，2013(3)：21-24.

[3] 余胜泉，胡翔. STEM 教育理念与跨学科整合模式[J]. 开放教育研究，2015(4)：13-22.

[4] 袁振国. 什么知识最有价值?[J]. 上海教育，2016(1)：74-76.

[5] 赵慧臣，陆晓婷. 开展 STEAM 教育提高学生创新能力——访美国 STEAM 教育知名学者格雷特·亚克门教授[J]. 开放教育研究，2016，22(5)：4-10.

[6] 秦瑾若，傅钢善. STEM 教育：基于真实问题情景的跨学科式教育[J]. 中国电化教育，2017(4)：67-74.

[7] 赵小媛. 美国学校用奥利奥饼干开展甜美的 STEM 教育[EB/OL]. http://chuansong.me/n/1748525152324，2017-04-17.

第2章 STEM 教育的发展

STEM 教育自兴起发展至今,已陆续被全球许多国家作为教育领域改革的"利剑"来去旧除弊,或作为民间草根团体由下而上地表达对现实教育危机的担忧和呐喊。这场浪潮席卷了包括中国在内的许多亚洲国家。在本章中,我们将全面深入地介绍在以美国为代表的国际社会的 STEM 教育的发展历程和典型范例,重点探讨国内 STEM 教育发展的关注点及其变化,思考我国在 STEM 教育的政策支持和实施等方面存在的不足,阐明 STEM 教育对我国学科发展和建设(以工程为主)的重要推动作用。

2.1 国际 STEM 教育的发展

美国 STEM 教育

从历史发展来看,美国把 STEM 教育放在重要位置,主要是根源于美国军事与经济安全的国家目标。我们通过图 2-1 美国 STEM 教育大事件可以看到,美国政府对

STEM 教育的重视程度都非常高。自 20 世纪 80 年代至今，美国制定发布了近 20 项与 STEM 教育相关的政府报告及政策。

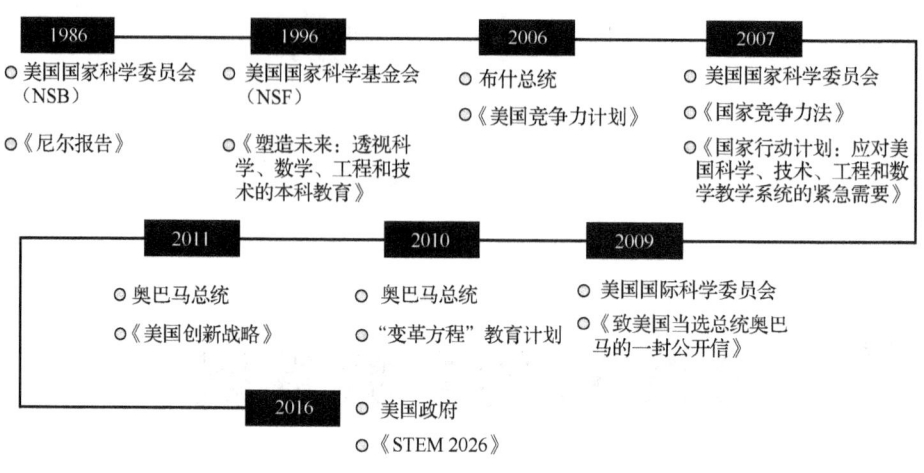

图 2-1　美国 STEM 教育大事件

早在 1986 年，美国国家科学委员会（NSB）就发布了《本科的科学、数学和工程教育》（*Undergraduate Science, Mathematics and Engineering Education*）报告，也称《尼尔报告》（*Neal panel's report*）。这是美国第一个关于 STEM 教育的政策指导文件，除整合科学、技术、工程和数学外，还包括培育博识的民主公民与高素质的公民等内容。

1996 年，美国国家科学基金会（NSF）发布了《塑造未来：透视科学、数学、工程和技术的本科教育》（*Shaping the Future: Strategies for Revitalizing Undergraduate Education*），该报告旨在快速实现振兴本科教育的目标，并制定可实施的战略以改善科学、数学、工程和技术的本科教育，并将重点关注 K-12 阶段 STEM 老师师资的培养。

2006 年 1 月 31 日，美国总统布什发布了《美国竞争力计划》，通过加大在科学技术领域的投资力度来提高美国的创新力及在全球范围内的竞争力。同年，美国州长协会提出 STEM 教育和 K-12 衔接的问题，提出了一项警示美国政府必须时刻加强对学生 STEM 教育的报告。

2007 年，美国基于当前实施 STEM 教育战略背景、现状及所面临的问题，对相应的策略进行分析后，由美国国会一致通过了以加强 STEM 教育的投入、研发和新老师的培训为重点的《国家竞争力法》。同年 10 月，美国国家科学委员会发表了《国家行动计划：应对美国科学、技术、工程和数学教学系统的紧急需要》，报告中提出加强国家层面对 K-12 阶段和本科阶段 STEM 教育的主导作用，提高 STEM 老师水平和相应的研究投入。该报告还将 STEM 教育从本科阶段拓展到基础教育阶段，进行全面实施。

2009 年 1 月 11 日，美国国家科学委员会代表美国国家科学基金会发布《致美国当选总统奥巴马的一封公开信》，指出高等教育前的 STEM 教育是起着领导作用的基础教育，而且应当是国家最重要的任务之一，敦促奥巴马政府动员全国力量改善对所有美国学生的科学、技术、工程和数学的教育现状。

此后，奥巴马政府先后出台多项政策以缩小 STEM 教育领域技术现状与发展机遇之间的鸿沟。2010 年 9 月 16 日，奥巴马总统正式推出"变革方程"（Change the Equation）教育计划，在 100 多家企业执行总裁倡议下，成立了非营利性组织，立足于商业和教育的结合点，致力于促进中小学 STEM 教育课程的开展。

2011 年，奥巴马总统推出了旨在确保经济增长与繁荣的新版《美国创新战略》报告，开展"创新教育运动"，加强 STEM 教育，动员全国力量支持所有的美国学生发展高水平的 STEM 技能。奥巴马总统对于 STEM 教育的呼吁，进一步引起了美国及世界各地对 STEM 教育的广泛关注。

2016 年 9 月，美国政府颁布的《STEM 2026》报告中，阐明了 STEM 教育的最新研究情况，探讨如何改进 STEM 教育，以确保国家的所有学生全面且多样性地参与到 STEM 学习中并获得成功。该报告是对以上法案或政策的补充和拓展，具有非常明确的指导意义，将对美国未来 STEM 教育的发展产生深远影响。

美国政府强调，STEM 教育是面向所有学生的全面素质教育的重要组成部分。从美国总统行政办公室近 2 年发布的《联邦机构 STEM 教育进度报告》中可以看到，14 个联邦政府机构对近 200 个 STEM 教育项目进行投资，每年投资总额都达到了 29 亿美元以上，且每年投入的总量在逐年增加。特朗普总统于 2017 年 9 月 25 日签署《总统备忘录》，宣布每年至少投资 2 亿美元用于 STEM 教育项目，提供高质量的 STEM 和计算机科学及编程课程，提高学生的 STEM 技能。从美国联邦政府机构的高额经费投入和逐年增加的年度总统预算上可以看出美国对 STEM 教育的重视程度。

芬兰 STEM 教育

在世界经济合作发展组织（OECD）举办的国际学生学业成就评测项目（PISA）中，芬兰学生的数学和科学成绩都具有较高水平。然而欧洲很多国家，包括芬兰在内的学生对STEM教育的兴趣普遍不高,学生更倾向于选择学习他们感兴趣的知识。在这种情况下,欧洲国家不得不为学生的科学素养、学生对STEM教育相关知识的掌握及该领域未来专业人才的培养和储备感到担忧。

1996年,芬兰政府发起了LUMA计划,目的是提高STEM教育的质量和增加接受STEM教育学生的数量。该计划充分调动了芬兰政府、大学与中小学、工商企业、社区和家庭等多方机构共同合作参与STEM教育的实施,积极推动了STEM教育的发展。

2013年11月,芬兰成立了国家LUMA中心,作为全国范围内不同大学各分支LUMA中心的总协调部门,旨在促进和支持从幼儿园到大学所有层次的教育机构、工商企业、教育行政部门、博物馆、科技中心、老师组织、媒体、学生、家长及其他任何相关组织和个体,围绕STEM教育开展国内及国际合作。

在当前国家LUMA中心协调和支持的STEM教育合作网络中,老师、学生、家长和工商企业界人士都参与其中,合作推进更多的3~19岁儿童或青少年参与学习STEM,同时为各层次老师开展以研究为导向的终身学习和专业能力发展提供相应支持。

芬兰在全国范围内开展STEM教育合作,其核心价值是"专业共享"。国家LUMA中心鼓励所有的合作机构和个体自由开放地分享他们的创意、优秀经验和实践做法,促进和支持儿童、青少年和老师形成一定的社群组织,为他们提供相应的机会与大学和工商企业界的科技社群开展互动。

德国STEM教育

德国作为欧洲的主要经济体,一直具有稳定的工业体系和完备的职业教育体系,但是仍然缺乏STEM领域的高质量人才。2006年8月,德国联邦政府教育部和研究部发起"科学和商业合作促进创新"项目,鼓励研发新产品和创新服务,目的是通过教育培训满足就业市场对技术工人的需求。同时规定,为保持德国的国际竞争力,调整政策以更优惠的条件吸引国外STEM行业的高素质人才。

德国的STEM教育又称MINT(Mathematik, Informatik, Naturwissenschaft und Technik)。为了吸引更多的年轻人学习科学课程,德国政府报告中提出"需要用MINT教育弥补高端劳动力缺乏的缺陷"的观点,希望在基础教育阶段,对MINT产生兴趣的儿童和青少年给予正向激励,将MINT教育与终身教育结合起来。

德国在政策层面推出一系列措施为MINT教育的顺利开展提供保障,如将资优教育纳入科教政策、设立特殊课程、为资优学生设立特殊学校、为优秀学生提供特殊项目、为优秀大学生建立支持网络、设立公共基金和奖学金、培养资优学生和年轻人的私人组织、举办国际和国内 MINT 比赛及设立德国学生科学院等。在人才培养方面，对学校教育进行大胆创新，通过课程整合增加课外校园实验环节。以 DRL 学校实验室为例，该实验室于 2000 年建立，由德国航天中心（German Aerospace Center）承办。截至 2012 年，该校共建成 9 个课外科学实验室，为九～十二年级学生提供 13 项实验内容，每名学生在一天内一般可以参与两个实验项目，4～5 人为一个小组，实验项目由大学生指导，老师不干涉实验操作。

此外，在 2009 年德国开展了 MST（Mathematics, Science and Technology）教育，其目的是改善科学在社会中的形象，在儿童的早期阶段实施科学教育，在小学和中学实施课程改革，以及为科学老师创造职业发展的机会。

英国、法国 STEM 教育

随着科学技术的进步和发展，英国和法国等欧洲国家也将科学技术教育视为人才培养的重中之重。从 20 世纪《教育改革法案 1988》建立统一的科学课程标准开始，英国就将科学教学内容与各项新技术进行了深度的融合，同时还开发了各种数字化学习辅助资源，为学生的学习实现资源共享提供了有利条件。

目前，为鼓励下一代热衷并擅长科学、技术、工程及数学学科，英国政府已通过一系列政策来支持学生学习 STEM 课程。在 2006 年的科学和创新投资框架中提出，要增加 A-Level 考试中物理、化学和数学的学生参与人数。英国商业、创新和技能部于 2012 年 12 月发布的《2010—2015 年国家政策：公众对科学和技术的理解》中也提到，要鼓励学校中的科学教育并资助支持学生学习 STEM 课程的项目和活动。同时，在人才培养方面也开展了诸如"Your Life""STEMNET""国家科学与工程竞赛"等与 STEM 相关的项目和活动。

法国在科学人才培养方面也不甘示弱，在 1992 年将"做中学"的项目理念引入国内后，就在国内掀起了轰轰烈烈的科学教学课程改革。短短的 4 年里就从最开始的 44 个实验班扩大到 4000 个实验班的规模，为法国整个国家科学教育改革的推动注入了新的活力，有效地激发了社会各行各业的力量投入到教育改革中。通过该项目的实施，提高了学生科学动手实践能力，也提高了学生正确建构知识、理解知识、发展探究思维、解决问题和再学习的能力。

日本、韩国 STEM 教育

1998 年，日本在中小学推行"宽裕教育"（Yutori Education）政策，大幅缩减课时数、精简教学内容、减少必修学分，力图通过创造宽松的学习环境来培养学生的"生存能力"，然而学生的学业成绩出现了快速下降。在 PISA 测试中，日本学生的表现尤其在数学上退步明显。日本把这些问题归结为基础教育的薄弱，并开始关注美国的 STEM 教育，以寻求解决途径。日本目前并未在政策文件中正式提出过 STEM 一词，但政府已经认识到科技发展的核心在于改革，而通往成功改革的道路是必须重新审视和认识现有的教育体系。日本国内部分文件局部地、内隐地提及了 STEM 教育理念。

2010 年 12 月，韩国教育科学技术部发布了 STEAM 教育政策，进一步增强相关学科的中小学教育。与其他国家不同，韩国将艺术（Arts）作为重要组成部分加入了 STEM 教育项目中，全面发展 STEAM 教育。

可见，STEM 教育对社会经济的发展和国家竞争力的提升起着重要作用，在培养有能力面对未来挑战的综合性人才中扮演着重要的角色。STEM 教育的核心素养与世界经济合作发展组织提出的人才"核心素养"结构模型、欧盟"终身学习核心素养"体系及美国"21 世纪技能"等核心素养有异曲同工之妙。STEM 素养已经被推广至许多领域，并成为许多行业倡导和要求的核心素养。

动动脑筋思考
总结世界各国推进 STEM 教育的途径有哪些？

2.2 国际 STEM 教育典范案例

美国 PLTW 项目

PLTW（Project Lead The Way，又称"项目引路"）项目是美国规模最大的 STEM 教育项目之一，通过向全美范围内的学校提供 STEM 课程来培养环球经济背景下的学生。PLTW 项目课程的核心特征是使参与课程的学生能够进行以活动为基础、以项目为基础和基于问题解决的学习，同时获得实践的课堂体验。PLTW 项目在高中阶段设置了包括工程理论知识、工程设计、开发与制作等实践性活动的工程类课程,使学生在应用所学数学和科学学科知识的同时,能够进行创造、设计、构建、发现、合作并解决问题。PLTW 项目着重培养学生的批判性思维和意识、创造能力、创新精神和问题解决能力,旨在吸引所有学生,帮助他们在 STEM 及相关领域有所建树,以应对未来的挑战。该项目不仅包含问题导向的课程体系,而且还包括老师专业培养体系。

PLTW 项目一直致力于小学、初中和高中 STEM 课程的开发,其中小学课程包括"初等工程课"(Elementary Engineering Lessons),初中课程包括"技术之门"(Gateway To Technology,GTT),高中课程包括"工程之路"(Pathway To Engineering,PTE)和"生物医学科学"(Biomedical Science,BMS)等。自该项目实施以来,一些学术机构对其学术效果进行了独立评价,发表的报告集中强调了该项目课程促使学生通过 STEM 教育在发展心和脑方面的成功意义。美国教育部部长邓肯也在 2011 年将 PLTW 项目机构的 STEM 课程称为一种在全国成功实施的新生涯和技术教育的卓越模式。

芬兰 LUMA 项目

LUMA 是"Luonnontietee"(芬兰语,意为自然学科)和"Mathematics"这两个词的缩写。LUMA 是芬兰于 1996—2002 年期间开展的项目,旨在改进科学、技术、工程和数学教育实践,提高学生对这些学科的学习兴趣。2013 年,芬兰建立国家 LUMA 中心,目的是实现"人人学习 STEM"这个目标。

LUMA 项目开展的多数活动是在学校常规课程结束后的课外实践活动,活动形式诸如 STEM 俱乐部、营地教育等。该项目通过充分利用现有基础设施和社区环境,以及精心设计的活动,借助多余的工具和材料,创设积极的、参与的、合作的、基于现象和问题的、情境式的学习氛围,为儿童和青少年带来沉浸式的 STEM 学习体验。

LUMA 项目中典型的活动有黄金时代少年营、年度科学教育国际论坛、小小技术家俱乐部活动、青少年与 STEM 专家见面会、大学内部 STEM 实验室和课堂全真体验活动及 STEM 线上学习社区等。该项目还举办各种课外活动,为学生提供专业的指导,有效地提高了孩子们对 STEM 教育的兴趣。

德国 MINT 项目

德国 MINT 项目是由德国政府提出的有关促进数学、信息、自然科学和技术教育的计划与政策,目的是应对国内技能型人才的巨大缺口,助力其"工业 4.0"计划(利用物联信息系统将生产中的供应、制造及销售信息的数据化、智慧化，最后达到快速、有效、个人化的产品供应）。MINT 项目通过对儿童和青少年进行兴趣吸引和机制激励，让他们不断沿着 MINT"教育链"发展，从而将 MINT 项目与终身教育相结合，创造一种可持续发展的 MINT 教育。

MINT"教育链"的系统搭建，贯穿了从学前教育到高等教育和职业教育的全部教育过程和教育领域。在学前教育阶段，系统地将数学和科学的启蒙纳入儿童的日常教育中，为进入小学后的 STEM 学习奠定兴趣基础和认识基础。在基础教育阶段，文教部长会议（KMK）制定了相关学科新的教育标准，促进课程改革。

德国 MINT 教育项目实施了很多活动，如举办以青少年为参赛对象的科学竞赛活动（如国际青少年科学奥林匹克竞赛、德国数学竞赛和投资芯片竞赛等）、设立 MINT 友好学校评选项目、组织学生参与大学实验项目、进入企业体验学习等实验室项目（如欧盟"校园实验室"项目，巴斯夫公司"少年儿童实验室"项目）等。为鼓励更多女性青少年投身 MINT 专业，德国还实施了以"来做 MINT 项目"为口号的促进女性参加数学、科学、技术工作的国家公约计划。

日本 STEM 项目

为了达到设定的中小学阶段 STEM 教育目标，日本政府较倾向于通过传统教育改革与创新和国际合作两个层面实施 STEM 项目。日本对传统教育做了以下 5 方面的改进：

（1）修改课程大纲，加强中小学阶段 STEM 学科的课时和内容。日本 2008 年颁布的中小学课程标准在"宽裕教育"基础上重新大幅度增加了 STEM 相关课程的课时和内容，仅初中阶段的科学教育课时就增加了约三分之一；

（2）设立 STEM 精英教育专项基金，识别具有 STEM 天赋学生并给予特殊培养；

（3）加强 STEM 教育的老师队伍建设；

（4）支持和鼓励女性投身 STEM 教育及 STEM 相关职业；

（5）在国际合作方面，日本主要寻求与美国开展 STEM 教育之间的合作，派遣学生交流互访。

日本大力倡导并鼓励实施旨在增强科学教育的项目，进一步提高全国 STEM 基础教育质量，激励学生投身科学事业，进而为日本大范围发展 STEM 教育打下社会基础。

动动脑筋思考
欧美和亚洲在开展 STEM 教育的侧重点上有何异同？

2.3 国内 STEM 教育的发展

为了准确地认识我国过去 10 年来 STEM 教育的发展状况，我们以中国知网 CNKI 学术期刊全文数据库为数据来源，以"STEM"为关键词，对 2008—2017 年所有文献进行检索，共检索到有关 STEM 教育的文献 285 篇，剔除不相关文献后，最终选择 211 篇学术论文作为样本进行研究和分析。

国内 STEM 教育发展历程

为了更加客观、清晰地把握 STEM 教育的研究现状，我们通过采用科学计量法，利用 Cite Space 引文分析工具进行分析，将文献导入到引文空间中，得到 STEM 教育关键词时序图，其结果如图 2-2 所示。

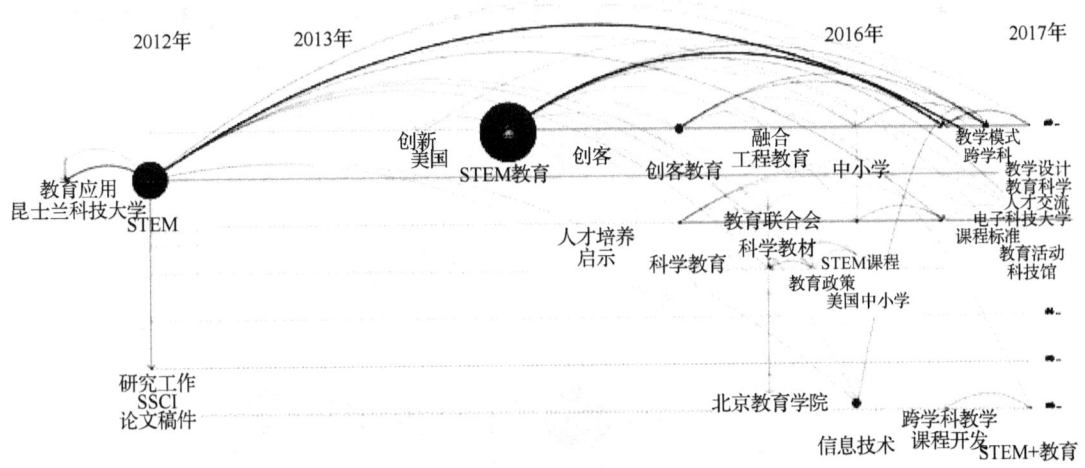

图 2-2　STEM 教育关键词时序图

从图 2-2 中可以看出，近 10 年来有关"STEM 教育"的研究总体呈上升趋势。随着我国研究者对"STEM 教育"的持续关注，研究热点也逐渐趋于多元化。总体来说，国内 STEM 教育的发展整体可以分为以下三个阶段。

第一阶段是萌芽期（2008—2012 年）：该阶段对我国来说 STEM 教育还只是个新

兴领域，我国关于 STEM 教育的研究相对比较单一，没有引起教育研究者的广泛关注。

第二阶段是起步期（2013—2015 年）：在响应国家"大众创业，万众创新"号召的大背景下，随着国家鼓励创新型人才培养相关政策的落地，国内 STEM 教育也借助这一形势逐步崭露头角。这一阶段的研究主要聚焦于通过创客形式来推动 STEM 教育的发展，结合创客的理念、教育目标和教学内容等，构建面向 STEM 教育的创客教育模式。

第三阶段是发展期（2016 年—至今）：在创客教育如火如荼进行的过程中，这一阶段 STEM 教育也得到进一步发展，关于 STEM 教育的研究开始形成体系。STEM 教育越来越受到国家层面的重视，并被写入相关国家文件，成为推进跨学科知识的融合、培养复合型人才的重要抓手。与此同时，一些新技术的应用也极大地丰富了 STEM 教育的发展，如 3D 打印技术等。通过一些创新型技术来支持 STEM 教育的发展，全面研究和探索符合我国教育发展实际的 STEM 教育，使 STEM 教育落到实处。

国内 STEM 教育研究热点

为了进一步了解"STEM 教育"的当前整体分布情况，下面对收集的相关文献关键词进行聚类分析，通过将 Cite Space 的节点设置为关键词，生成关键词共现知识图谱，如图 2-3 所示。

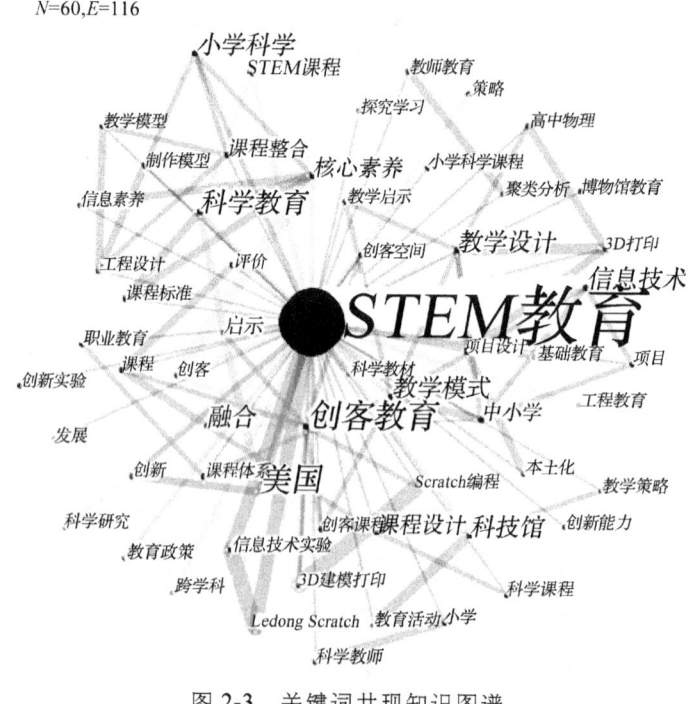

图 2-3　关键词共现知识图谱

通过图 2-3，我们能够看出在 STEM 教育领域中的主要研究热点。图中左上角给出了知识图谱中各节点关系的基本参数，"$N=60$" 代表图中共有 60 个节点，"$E=116$" 代表各个节点之间共有 116 条关系。图中最大节点是 "STEM 教育"，其次是 "创客教育""信息技术""教学模式""跨学科""科学教育" 等节点。

为了进一步分析各关键词的热度，我们根据知识图谱统计数据整理了频度在 11 以上的高频关键词，见表 2-1。频度代表关键词出现的次数，中心度代表研究者对话题的共同关注度。关键词的节点中心度越高，该节点在领域中扮演的角色越重要。

表 2-1　根据知识图谱统计数据整理的频度在 11 以上的高频关键词

关　键　词	频　　度	中　心　度
STEM 教育	86	1.87
创客教育	56	1.21
美国	47	1.03
科学教育	44	0.92
小学科学	39	0.78
信息技术	28	0.70
教学模式	21	0.56
科技馆	19	0.47
教学设计	17	0.32
融合	13	0.28
核心素养	11	0.22

从表 2-1 中可以看出，STEM 教育作为核心关键词被多次提及，其频度、中心度也高居榜首。随着互联网与智能硬件的发展，在我国"大众创业，万众创新"的时代背景下，创客教育作为培养学生创造力和创新精神的重要形式，受到研究者的广泛关注。STEM 教育与创客教育同为培养学生的核心素养、培养综合性人才的有效途径，二者都是为适应时代发展而产生的创新、创造教育，它们之间有着密切的联系。STEM 教育与创客教育都强调学生在真实的情境中，为解决实际问题，动手动脑，学生在"做中学"，在过程中提升综合素养。因此，很多研究者将二者结合起来，借鉴 STEM 教育经验，发展我国创客教育，或是从创客教育中收获启示，丰富 STEM 教育，促进二者相互借鉴和发展。

科学教育与学生科学素质的养成、国家科学人才的培养，以及国家科技竞争力的提升密切相关。回顾我国新课程改革中的科学教育，已有十几年的发展历程，目前正经历着由分科到综合的改革阶段，其中如何有效地进行课程整合是教育研究者普遍关注的问题。STEM 是一种新兴的跨学科教育，它将"科学、技术、工程、数学"有机融合,培养学生以灵活的方式解决科学问题的技能,对学生科学素养的提高具有直接影响,有利于培养科学人才。

STEM 教育作为新兴的教育研究领域,一般都伴随着对其教学模式的探索,尤其是在具体实施中的教学活动的设计等研究,这为该领域的发展提供了一定的理论模型和方法支持。

为了更进一步了解"STEM 教育"的当前研究热点,我们根据检索到的有关 STEM 教育文献进行进一步的内容分析,根据主题相关程度最终选择了 356 篇学术论文作为分析的样本,具体情况见表 2-2。

表 2-2 国内"STEM 教育"论文统计

年份	研究国内(66.29%)				研究国外(33.70%)	总计
	理论与现状	课程改革	教学应用	人才培养		
2008	0	0	0	0	1	1
2011	0	0	3	0	3	6
2012	0	0	0	0	3	3
2013	1	2	2	2	10	17
2014	1	1	5	0	5	12
2015	7	0	11	0	22	40
2016	12	0	16	2	17	47
2017	38	4	70	4	43	159
2018	19	0	29	7	16	71
总计	78	7	136	15	120	356

为了更直观地分析各研究领域随年份不同的变化情况,我们从时间上对各年份论文数量进行统计并绘制了国内"STEM 教育"论文折线图,如图 2-4 所示。

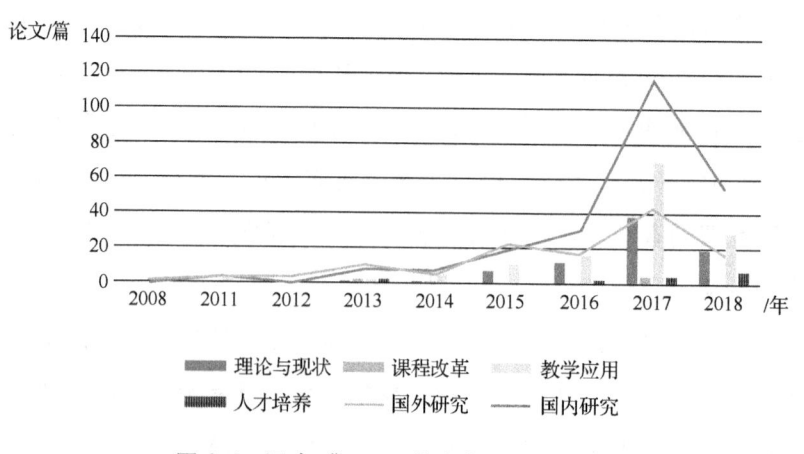

图 2-4 国内"STEM 教育"论文折线图

从图 2-4 中我们可以看出，2014 年是我国 STEM 教育研究的一个分水岭。在此之前，以 STEM 教育为主题的研究很少，尤其以国内 STEM 教育为研究对象的论文远远不足，而针对国外 STEM 研究占论文总数的 56.41%。2014 年以后，关于 STEM 教育研究的论文总数急剧上升，2017 年以 STEM 教育为主题的论文总数就高达 159 篇，其中针对国内 STEM 教育的研究占论文总数的 72.96%。

STEM 教育论文数量的迅速攀升，反映了我国对创新型复合人才的迫切需要。国家和社会对人才培养的现实需求促使学者们对国内 STEM 教育进行深入的研究与广泛的实践。在我国的基础教育体系中，尽管基本的科学素养在中小学教育中已经得到一定程度的普及，但是技术和工程教育仍然没有得到足够的重视，愿意投入这项事业的中小学老师非常少，工程教育的开展更是少之又少。STEM 教育对于我国来说仍旧是一个亟待发展和深入的新兴领域。

从以国内 STEM 教育为研究对象的研究论文可以看出，教学应用研究是 STEM 教育研究的重心所在，占论文总数的 57.62%，而对理论与现状、课程改革与人才培养的研究则相对较少，并且一般性介绍的论文多而针对性分析的论文少，基于文献和经验判断的论文较多而实证性研究的论文较少。范佳午等人以"功与机械"为例，通过让学生应用已学物理知识制作起重机模型，初步经历了界定工程问题、设计解决方案、优化解决方案的工程设计过程，探讨如何在物理教育中渗透 STEM 教育的思想。而杜鹃等人则通过分析 STEM 教育理念，让学生反复观察、感受、实践和探究，同时让学生学习对知识进行感悟与理解的方法，并且构建了基于活动的小学低年级智能机器人体验学习模式。这种教学模式从学生个体认知规律出发，亲身体验学习过程，在关注知识与技能获得的同时，更关注对实践过程的总结和反思，更有利于学生工程设计思想的形成和能力的提高。

STEM 教育是科学教育的重要趋势，"融合"是将 STEM 教育引入中小学教育的有效策略。在国内，融合课内外 STEM 教育有三种形式：①与课内科学课程相对应的 STEM 项目——基于科学情境，结合技术与工程活动；②与综合实践和通用技术课程项目对应的 STEM 项目——基于工业情境，融合科学问题与工程技术；③课外开展的 STEM 教育项目——基于生活情境，巧妙结合科学、技术和工程问题。北京师范大学珠海校区的工程与技术学院从实践中提炼出 5L 教学法，包括：通过游戏学习（Learning by Playing）激发学生学习兴趣；通过观察（Leaning by Observing）帮助学生掌握 STEM 技能；通过旅行（Learning by Travelling）丰富学生感性经验；通过动手实践（Learning by Practice）促进学生知行合一；通过研究（Learning by Research）促进知识与技能的创新，这为促进 STEM 知识与技能的掌握提供了不同的手段和措施，也为中小学工程教育教学方法提供了很好的参考。

STEM 教育着眼于复合型创新性人才的培养和劳动力水平的提高，将成为教育兴国的一个重要的落脚点。尽管 STEM 教育如此重要，但要在我国基础教育阶段开展 STEM 教育还存在诸多困难，相比国外的 STEM 教育至少有几个方面的不同：首先，我们的课程主要是分科课程，是学科本位的课程，而非 STEM 提倡的跨学科的整合课程；其次，我们的基础教育缺少工程教育的建设机制。从素质修养的角度来讲，技术类课程包括工程类课程的教育价值。然而我们的基础教育普遍重视科学类课程。

动动脑筋思考

国内 STEM 教育研究的总体现状如何？

2.4 STEM 教育聚焦工程教育

当今世界面临着大量严重制约着人类经济和生态建设发展的重大问题，如能源枯竭、气候变暖、环境污染等，这些问题都需要通过专业的工程技术来解决。随着全球经济迅猛发展，各行各业无论是工程领域还是非工程领域，都亟需大量具备工程知识与相关技能的人才。

中国自改革开放以来，经济呈现快速发展的势头。在进入 2000 年后，我国不断涌现出诸如港珠澳大桥、胡麻岭隧道、郑万铁路、复兴号高铁列车、上海洋山港自动化码头、中国移动互联网等一系列"天堑变通途"的"超级工程"。这些工程的涌现印证了中国作为世界上经济发展最快的国家之一所展现的发展速度。"超级工程"的成功得益于国家整体经济实力的提高，这集中体现了一个国家的基础设施建设能力和创新能力，而在大大小小的众多工程背后，站立着成千上万的工程师和相关从业人员。在当今国内劳动力市场中，对具备工程素养劳动力的需求变得比以往任何时期都更加强烈。

中国已是国际本科工程学位权威互认协议——《华盛顿协议》的正式成员，中国的工程教育承载着为中国乃至世界工业发展提供人才和智力支撑的新责任和新使命。回顾我国对工程人才的培养体系可以看到，在以往的学校教育中，数学一直作为教学的主要科目贯穿基础教育到高等教育始终。此外,以小学阶段的科学,中学阶段的物理、化学、生物等科目为载体的科学课程,也是整个社会都在强调的理科学习的重要部分。随着信息技术的发展,技术教育也越来越受到人们的重视。尽管代表工程的"E"一直是 STEM 教育的一部分,工程教育却很少受到人们的关注,在 STEM 教育起步之前,主要在高等教育阶段实施,而作为启蒙储备的中小学阶段却被忽略了。

在 STEM 教育日益成为人们关注焦点并被作为提高国家经济竞争力的重要手段的今天,我们将目光聚焦在我国工程教育具有非常重要的现实意义。我国工程教育只有重塑教育观念,转变教育思想,改革教育内容、教育方法、教育手段,完成从知识型到能力型、从成本型到效益型、从封闭型到开放型的转变,才能真正适应知识经济对工程技术人才的要求。鉴于研究的历史局限,本节我们选取了 2004—2013 年期间的相关研究论文作为研究对象,探讨我国工程教育取得了哪些进展、表现出哪些特点、有哪些应用模式,以及未来的工程教育研究又该从何处着力,这些问题的解答将有助于我国工程教育健康、快速地发展。

国内工程教育一瞥

本节主要采用内容分析法对 STEM 教育进行研究。内容分析法是指对明显的传播内容做客观而有系统的量化并加以描述的一种研究方法。它以预先设计的类目表格为依据,以明显、系统、客观和量化的方式,对信息内容加以归类统计,并根据类别项目的统计数字,做出叙述性的说明。运用内容分析法定量地分析我国工程教育研究现状和发展变化情况,显然该方法尤为有效。

我国各类学术期刊载有的有关工程教育的研究论文有很多。本节以中国知网 CNKI 学术期刊全文数据库为检索源,分别以检索项为"篇名",检索词为"工程教育",匹配"精确"的检索方式进行检索,时间跨度为 2004 年 1 月—2013 年 12 月。为了提高研究样本的信度和效度,我们根据标题和摘要并综合"被引频次"和"文献来源"因素对文献进行了筛选。筛选的标准为:①工程教育必须是研究的核心主题,而不能只是研究中的某个方面;②将政策宣传、领导讲话、通知、卷首语等与本研究内容相关度不大的文章剔除。最终选择了相关的 450 篇有关工程教育研究的学术论文为内容分析的样本,具体情况见表 2-3。

表 2-3　工程教育的研究学术论文的样本统计

年份	2004	2005	2006	2007	2008	2009	2010	2011	2012	2013	合计
篇数	35	36	44	44	31	42	67	47	59	45	450

内容分析的信度分析是指两个以上参与内容分析的研究者对相同类目判断的一致性。一致性越高，内容分析的可信度也越高，反之亦然。本文采用李克东教授所提出的内容分析的信度公式：$R=n\times K/(1+(n-1)\times K)$，其中 R 为信度；n 为评判员人数；K 为平均相互同意度，$K=2M/(N1+N2)$；M 为二者都完全同意的栏目；$N1$ 为第一评判员所分析的栏目数；$N2$ 为第二评判员所分析的栏目数。本研究以我们为主评判员（2名），另有 1 名为助理评判员进行评判，计算 K 值后得到信度 R 约为 0.9348。根据经验，若信度大于 0.90，则可以把主评判员的评判结果作为内容分析的结果。

◇ **发展历程**

（1）论文数量年度分布。通过 CNKI 检索统计发现，我国的研究者从 2004 年起一直对"工程教育"保持持续的关注。从图 2-5 工程教育论文年度分布情况可以看出，10 年来，有关工程教育的研究经历了曲折的发展，但论文数量总体呈上升趋势，2010 年和 2012 年的关注度最高，可看出工程教育一直是研究者们持续关注的主题。

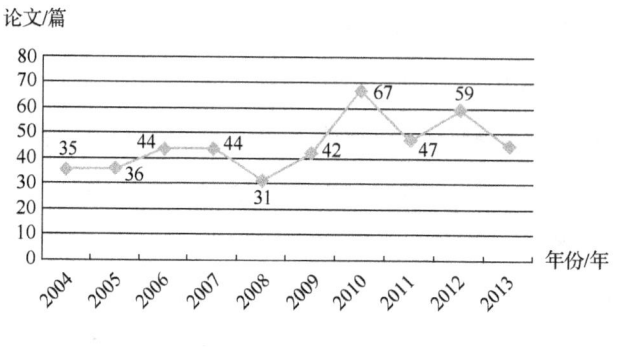

图 2-5　工程教育论文年度分布情况

（2）关键词统计分析。在 450 篇工程教育论文中，共有 1126 个关键词，其中使用次数最高的前 8 个关键词累计使用 1279 次，统计结果见表 2-4。可以看到，工程教育、改革这两个关键词合计使用 690 次，使用次数最高；其次是人才培养、实践；然后是创新培养、培养模式；最后是认证、教学方法。通过对关键词使用次数的统计，可以清晰地看出 10 年来我国工程教育研究的重点领域是：工程教育和课程改革、创新人才培养模式、实践认证和教学方法改革等。

表 2-4 工程教育论文使用次数最高的前 8 个关键词

关　键　词	使用次数	关　键　词	使用次数
工程教育	384	创新培养	81
改革	306	培养模式	77
人才培养	193	认证	58
实践	157	教学方法	23
总计		1279	

(3) 国外工程教育比较研究论文统计分析。在 450 篇有关工程教育的研究论文中，关于国内工程教育研究的论文有 357 篇，占 79.33%；关于国外工程教育比较研究的论文有 93 篇，占 20.67%，总量偏高，统计情况见表 2-5。可以看出，在进行国外工程教育的比较研究时，主要将发达国家和地区作为研究对象，而对发展中国家和地区的研究较少。其中，研究美国工程教育的论文较多，涉及德国、法国、日本的文献从 6 篇到 38 篇不等。此外，也有少数论文涉及俄罗斯、韩国、瑞典等国家的工程教育。

表 2-5 国外工程教育研究论文的统计情况

国　家	篇　数	百　分　比	国　家	篇　数	百　分　比
美国	38	40.86%	俄罗斯	2	2.15%
德国	14	15.05%	韩国	2	2.15%
法国	6	6.45%	瑞典	1	1.09%
日本	6	6.45%			

✧ 研究热点的迁移与变化

基于上述关键词次数的统计和分析，并根据需要仔细阅读的 450 篇论文，同时结合论文内容中所提及的关于工程教育的研究领域，从整体上概括总结，最终确定了包含 6 个类目的内容分析领域，即工程教育理论与现状研究、工程教育与课程改革研究、工程教学应用研究、工程教育人才培养研究、教学方法研究及评价与实验研究。对涉及国内研究的 357 篇论文进行了归类统计，结果如图 2-6 所示。

通过对统计结果的分析，我们不难发现：

(1) 我国研究人员对工程教育理论与现状的研究略显不足，比重仅有 19.05%。理论研究是任何研究都不可缺少的部分，好的理论研究成果有利于更好地指导实践。我国的工程教育研究起步较晚，学术界基本处于引进、吸收和消化国外工程教育的理论成果阶段。近几年来，随着我国一些著名高校和企业实践研究的深入开展，工程教育正逐渐成为我国教育研究的热点和前沿，将工程教育的思想广泛应用于社会和基础科学教育中，也越来越受到企业界和教育界的关注和重视。

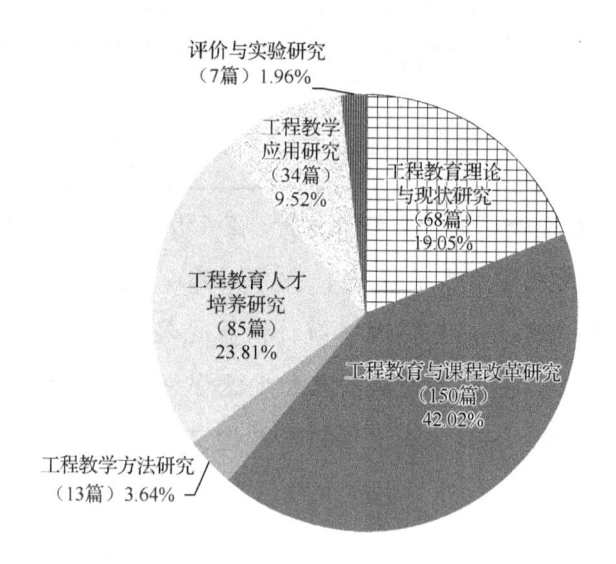

图 2-6　国内研究领域的 357 篇论文统计情况

（2）工程教育与课程改革研究所占比例为 **42.02%**，这项研究比例较高，也正说明工程教育与课程改革在我国工程教育发展和推广中的重要性，对工程教育的发展模式、学科专业建设、培养途径及对课程的总体规划和设计等，有利于我国工程教育规划的科学性。

（3）工程教学应用研究所占比例为 **9.52%**，这项研究比例不高。工程教学应用研究是工程教育发展和推广的关键所在，只有应用效果好，才能有利于提高学生的学习效率，才能有更多的学生参与到工程教育的领域中来进行学习。

（4）工程教育人才培养研究所占比例为 **23.81%**，说明人才培养是工科专业人员和管理人员关注的重点，人才是科技进步的重要保障。在 10 年的工程教育论文研究中，我们可以看到对于人才培养的关注度越来越高，这与国家的人才培养政策也是分不开的，特别是 1949 年以来，工程教育的基本定位是培养现实的工程师。

（5）工程教学方法研究所占比例为 **3.64%**，可以看出，我国对于工程教育的教学策略方法等的研究一直比较缺乏。近几年来对工程教育的教学策略方法的研究开始呈现增长态势，这说明我国的研究者开始意识到教育教学策略方法在工程教育中的重要地位。

(6) 评价与实验研究所占比例为 1.96%，可以看出，我国对于工程教育的评价系统及对工程教育有效性开展的实验研究等几乎空白。除 2004 年和 2005 年有 5 篇论文专门研究工程教育的评价体系和方式外，其余年份几乎没有谈及对工程教育评价体系的研究，只有少部分论文在讨论建议部分提及改革评价方式。而对于实验研究则是 2013 年才有文章专门以实验研究的方式对工程教育模式、对学生能力的培养进行实证研究。可见，实证研究的客观方式慢慢被我国学者所接受并应用于研究过程中。图 2-7 是工程教育相关论文 10 年间 6 个研究领域的变化趋势。

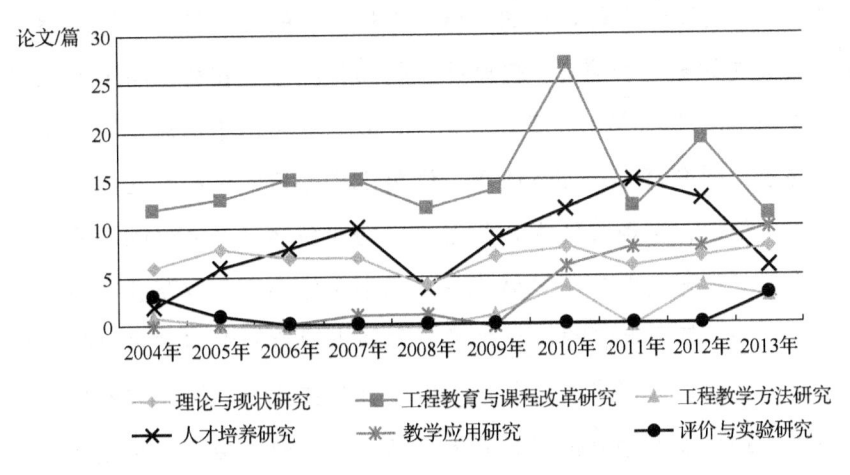

图 2-7 工程教育相关论文 10 年间 6 个研究领域的变化趋势

可以看到，工程教育的 6 个研究领域的变化都相对比较平稳。工程教育与课程改革一直是研究的重心所在，研究所占比例几乎每年都居于 6 大领域之首，除 2010 年和 2012 年出现陡增外，整体发展相对比较稳定。面对新目标、新要求和新任务，作为与经济社会发展紧密关联的工程教育必须明确自身肩负的责任和使命，必须看到发展的大背景、大趋势，尽快适应并促进调整与转型。工程教育必须站在时代的高度，根据经济社会发展的要求、科技进步的趋势和特点、人才培养的目标和工程实际的需要，遵循学科专业知识的系统性和相关性，改造传统工程教育学科专业，加快发展新兴学科、应用学科和交叉学科，促进工程教育学科与人文社会学科的融合。因此，高等工程教育应在学科专业改革、课程体系结构与内容改革等方面进行积极的研究与实践。

理论与现状研究发展也比较平稳，在经历 2008 年的低谷后整体趋于平稳。有学者曾对工程教育观的内涵进行了探讨，我国高等工程教育观的内涵主要包括树立正确的工程观、科学的质量观、国际化的教育观、终身教育观，以及建立"全人"的素质教育观等。另一位学者从学习科学的角度分析了传统"学徒制"在工程人才培养中的有效性，探究工程学习的机制和规律，论述建构主义学习理论对于高等工程教育的适用性。陶永建认为，国外工程技术人才培养的有效模式（如美国的基于"做中学"和项目教学原理的工程教育模式，德国以校企合作、工学交替、在真实情境中学习为主要特征的双元制）的理念均可以从建构主义学习理论中找到。

人才培养和教学应用研究不断受到研究者的关注，其论文数量在轻微波动中呈增长态势。可见，随着我国工程教育的发展，工程人才的培养和将工程思想融合教学实践成为研究者关注的重心和焦点。教育部原副部长吴启迪在第三届国际工程教育大会上表示，中国确定了"以信息化带动工业化，以工业化促进信息化"的新型工业化发展道路，这要求工程教育必须加快改革，调整工程教育的学科专业结构、层次结构和人才培养模式。陈敏、李瑾等认为，要进一步构建跨学科一体化的课程体系；优化课程内容，吸收现代工程科学技术发展成果；以学生为中心，改革教学模式，引入基于问题的探究式学习、基于案例的讨论式学习和基于项目的参与式学习等以学生为中心的研究性学习方法，形成以实践为基础，以设计为主线，以综合训练与科学研究为依托，同时注重实践环节的相互衔接，课内外结合、校内外结合、理论与实践结合的相对独立的实践教学体系，进一步强化实践性在整个人才培养过程中的地位与作用。此外，随着经济全球化的发展，工程教育的国际化趋势也越来越清晰。目前，我国正在建立与国际认证制度具有实质等效性的高等工程教育认证体系，并积极申请加入有关国际互认协议。这是提高我国工程人才培养质量的重要保证，也是我国工程教育参与国际竞争的重要基础。

从图 2-7 可以看出，2004—2009 年关于工程教育的教学应用研究少之又少，直到近些年才重视对工程教育的教学应用研究。"借鉴国外经验形成中国特色"一直是我国工程教育改革的主要特征，其中 CDIO 引入中国就是一个很好的例子，34 篇教学应用的研究论文仅 CDIO 在英语、程序设计等学科教学中的应用就高达 26 篇，占论文总数的 76.47%。CDIO 是英文单词 Conceive、Design、Implement、Operate 的首字母缩写，分别表示构思、设计、实现和运作。采用 CDIO 主张的"做中学"和"基于项目的教育学习"思想，在教学过程中，以项目为动力，以案例为依托，把课堂教学环境模拟成 CDIO 模式下的工程教育环境，即以产品（项目）构思、设计、实现和运行的生命周期为载体来组织教学。实践证明，基于 CDIO 模式的教学改革能够提高学生的工程实践能力，并且取得良好的教学效果。可见，将工程与科学相融合的思想逐渐被推广到学科教育中。知识只有在应用的过程中才会转化为能力，并在运用的过程中逐渐培养起来。因此，在工程教育中，要更加重视实践这个教学活动中的重要环节。实践环节的实施是教学活动中较为艰难的一环。

相比较前几个研究领域，对工程教育教学方法和评价试验的研究一直比较缺乏，在经历 2008 年前的研究空白后，后来渐渐受到研究者的关注。2013 年，浙江大学教育学院李江霞通过对美国伍斯特理工学院本科工程教育模式的深入分析发现，"双塔式"和"以学生为中心"的教育理念、项目驱动型课程体系和以结果为导向的可持续发展运行机制是该校获得成功的主要因素。无论是对工程教育发展趋势影响颇深的 CDIO，还是被称为"美国高等教育界近几十年来最大胆的试验"的伍斯特理工学院，它们都是 21 世纪"大工程"背景下"做中学"的成功体现。伍斯特理工学院的成功之处也在于提供了一条学生"做中学"（即工程实践）的有效途径。因此，如何结合自身的条件和特色，实现工科学生"做中学"是我国理工科院校值得思考的重要问题。

国内工程教育的发展特点

根据以上论文分析结果，总结我国工程教育研究发展的特点，主要有以下 4 个方面。

◇ 重点突出，不平衡现象尚存

通过对工程教育研究论文关键词的分析不难发现，当前我国工程教育领域的研究主题广泛，热点、难点和重点问题突出，课程与教学改革日益受到重视，创新型人才培养得到高度关注，实践教学和大学生实践能力培养成为研究重点，教学方法研究得到加强并不断深化。论文梳理结果也从一个方面反映出我国工程教育研究还存在不平衡现象。相比国外开展得轰轰烈烈的 STEM 教育，国内对工程教育的研究几乎集中于高校，对中小学跨学科融合、将工程教育融于基础教育教学的研究论文相对欠缺。因此，今后政府要加大对基础教育尤其是中小学工程教育的投入，加强中小学生工程思想教育，为高校工程人才培养奠定基础，切实推进工科人才培养质量的提升。

◇ 强化通识教育，加强 STEM 学科融合

强化通识教育的有效途径是拓宽学科基础，将工程教育摆到与基础学科同等地位上来，建设面向基础学科的平台课程体系。在通识教育基础上"求大同，存小异"，关键是加强工程教育与基础学科的融合，拓展学生的知识面，充分吸收国外 STEM 教育学科融合的思想，增强学生跨领域学习的适应能力。现行的体制中 STEM 教育进入学校有三种情况：第一，在科学和数学学科中挖掘 STEM 教育资源，尝试在必修课程中渗透或者开设选修课程；第二，在技术类课程中借用工程情境运用科学和数学知识解决问题；第三，在科技教育、机器人比赛等平台上推行 STEM 教育。因此，教学计划的制定应充分考虑到加强基础课程教学与工程教育相融合，进而提高学生的工程设计能力。

◇ 加强工程创新意识与创新能力培养

创新意识与创新能力是 21 世纪高层次人才的基本素质。因此，在工程教学实践过程中应注重培养学生的工程创新意识与创新能力，老师要创立新的"教与学"的工程模式，引导学生主动地、创造性地学习。同时要建设一支在教学与科研方面都具有工程创新意识与创新能力的高素质老师队伍。老师既要从事教学又要进行科学研究，在科研中开发自己创造性的同时也教给学生工程创造性的思维方法。

◇ 针对性尚需加强

统计结果表明，2004 年以来我国关于国外工程教育的研究论文几乎都超过所在年份论文总数的 10%。这反映出我国学者对国际工程教育研究进展的关注，力图在国际比较教育研究中探索符合我国国情的工程人才培养体系和培养模式。而国内的相关研究中存在着一般性介绍多、针对性分析少，基于文献和经验判断的研究较多、实证性研究较少等不足。目前，我国许多高校都与世界一些著名大学、研究机构及大型企业建立了稳定的交流与合作关系，广泛开展学术交流和教学科研合作。工程教育国际视野的开拓使高校发展有了更大的空间，这也无疑会促进工科人才培养质量的提高。

动动脑筋思考
我国工程教育发展存在哪些问题？

2.5 STEM教育实践初探

综合实践活动是培养学生核心素养的一条重要途径。STEM教育实践活动因其情境性、趣味性和体验性等特征，能够激发人们主动打破思维定式，从而根据不同场景需求灵活地使用辅助工具和媒介来开展教学和探究，培养学生对复杂问题的求解能力、协作能力及创新能力等。

乐高原本是孩子们手中的玩具，但在过去数年中它助推了各类教育教学活动的创新发展，日益受到教育教学研究界的关注。国外研究者Benitti在探讨乐高在学校中的教育应用潜在价值的过程中，对197篇有关乐高机器人在教学中应用的研究论文进行统计发现，有45%的论文是针对本科生的研究，而在针对小学生的研究论文中，以乐高作为主体教学对象而不是作为教学辅助工具的研究论文占29%。可见，对于乐高的教学应用应当进一步拓展，探索乐高与中小学课程教学相结合的有效应用方式。

以往乐高在教育教学过程中的应用方式主要集中在机器人技术领域（如机器人设计、机器人编程等）；在教育阶段，乐高逐渐从本科教学扩展到基础教育阶段。例如，国外学者Sullivan通过对乐高的教学应用对26名11~12岁的学生参与机器人课程过程的思维技能、科学过程技能和系统理解进行了研究，发现参与机器人课程的学生提高了对系统的理解，在对系统理解的前后测中有显著不同。而Nugent等人对288名学生（实验组平均年龄12.28岁，控制组平均年龄11.39岁）通过计算机编程和机器人技术学习进行了研究。结果发现，学生在完成基于技术的任务后更有自我满足感，对问题解决途径的有效使用有所增加。此外，Barker和Ansorge对32名9~11岁的小学生进行机器人技术、计算机编程方面的研究发现，机器人技术在科学、工程和技术内容教学中对学生的教育是有效的。

然而，乐高作为一种具有设计艺术和问题解决思维开发的工具，在机器人教学应用这种情境中，只是作为一种最终成形的工具被引入到课堂教学中，没有真正发挥乐高本身所具有的真正价值。国外学者Rusk、Resnick、Berg和Pezalla-Granlund认为，目前乐高在教育环境中引入的方式比较单一，应当探索其更广泛的应用途径，这对拓宽青少年的兴趣有很大的帮助,如通过与其他学科和学生感兴趣的领域的融合,可以激发学生对传统乐高课堂的兴趣。

在已有关于乐高直接使用实物进行辅助教学的研究论文中,多数采用质性分析的方式,仅有14%的论文是通过量化分析的方式。另外,这些论文是使用足够的数据作为支撑和证明的。其中,瑞典学者Hussain等人采用乐高教具围绕数学内容学习等主题,对322名小学生(五年级学生193名,12~13岁;九年级学生129名,15~16岁),采用质性(观察、面谈、调查)和量化(前后测、回归模型、线性模型)方法进行研究。研究结果发现,五年级学生在数学成绩上相比前测成绩取得了明显的提高,并且数学成绩比较好的学生对乐高表现出了更加积极的态度。此外,瑞典研究者Lindh和Holgersson也以乐高为学具,以解决数学中的逻辑问题为主题,采用质性和量化的方法对374名学生(五年级学生169名,12~13岁;九年级学生205名,15~16岁)进行研究。实验结果发现,有些中等生在数学逻辑问题解决的成绩上取得了更大的进步,表明乐高教学确实对一些学生的学习有所帮助。但总体上,学生测试分数的均值在使用乐高与未使用乐高的小组之间整体上并没有显著差异。

美国学者Williams等人以暑期项目的形式,采用乐高教学围绕物理知识对21名中学生(六~八年级)进行科学探究技能的研究。研究结果发现,学生在物理知识的理解上取得了较好的成绩,而在对科学探究的测验中并没有比较明显的发现。尽管研究者已经将科学探究的过程方法传授给学生,但是学生依然不能够运用正确的方法来解决问题。智利研究者Mitnik等人围绕对物理中距离、角、运动力学等内容的学习,采用乐高教学对70名学生(七年级和十年级)进行研究。通过协方差分析的量化统计,结合对学生课后活动协作和动机的分析得出,学生在对距离、角、运动力学等成绩方面均得到了显著提高。

未来多样化的教学辅助工具和媒介的巧妙应用能够让学生在项目式"动手做"的过程中不断加深对知识的理解和实践应用,从而培养学生运用跨学科综合知识来解决真实世界问题的能力,使学生最终成为具备创造/创新能力、批判性思维与解决问题能力、沟通交流能力与合作/协作能力的21世纪合格人才。

动动脑筋思考

STEM教学中还可以有哪些创新应用方式?

参考文献

[1] 钟柏昌，张禄. 项目引路(PLTW)机构的产生、发展及其对我国的启示[J]. 教育科学研究，2015(5)：63-69.

[2] 杨亚平. 美国、德国与日本中小学 STEM 教育比较研究[J]. 外国中小学教育，2015(8)：23-30.

[3] 秦建军. 从 STEM 整体教学观的角度谈中小学技术教育[J]. 中小学信息技术教育，2013(5)：57-61.

[4] 范佳午，樊方园. 中学物理教育中如何体现 STEM 教育[J]. 中小学信息技术教育，2013(11)：41-42.

[5] 杜娟，臧晶晶. STEM 教育视野下小学低年级智能机器人教学模式研究[J]. 中小学信息技术教育，2014(5)：52-54.

[6] 叶兆宁. STEM 教育走进中小学科学课堂——融合：实现 STEM 教育的有效策略[J]. 中国科技教育，2013(2)：10-15.

[7] 丁杰，蔡苏，江丰光，余胜泉. 科学，技术，工程与数学教育创新与跨学科研究——第二届 STEM 国际教育大会述评[J]. 开放教育研究，2013，19(2)：41-48.

[8] 吴俊杰，梁森山，李松泽. STEM 教育对中国培养适应 21 世纪的复合型创新型人才的启示[J]. 中小学信息技术教育，2013(3)：43-47.

[9] 钟柏昌，张丽芳. 美国 STEM 教育变革中"变革方程"的作用及其启示. 中国电化教育，2014(4)：18-24.

[10] 谢幼如，李克东. 教育技术学研究方法基础[M]. 北京：高等教育出版社，2006：139-144.

[11] 张学洪，王文，徐建平. 新时期高等工程教育改革的对策[J]. 高等工程教育研究，2002(3)：53-56.

[12] 陶永建. 学习科学视域下的高等工程教育范式研究[J]. 高等工程教育研究，2012(3)：75-79.

[13] 陈敏，李瑾. 30 年来中国工程教育模式改革背景研究——基于多重制度逻辑的分析. 高等工程教育研究，2012(6)：59-67.

[14] 林琨智. 实践在新的工程教育模式中的地位与作用[J]. 吉林化工学院学报，2001，28(8)，3-6.

[15] 王孙禺，赵自强，雷环. 国家创新之路与高等工程教育改革新进程[J]. 高等工程教育研究，2013(1)：14-22.

[16] 姜大志. CDIO 工程教育模式下的主动式项目驱动学习——以"java 程序设计"课程为例[J]. 汕

头大学学报（人文社会科学版），2012，28(4)：79-82.

[17] 李絮，刘争艳，张岩. CDIO 工程教育模式在"delphi 程序设计"课程中的应用探讨[J]. 阜阳师范学院学报（自科版），2013，30(2)：100-102.

[18] 李江霞. 以学生为中心、以项目为驱动力、以结果为导向——美国伍斯特理工学院本科工程教育模式创新及启示[J]. 高等工程教育研究，2013(3)：120-124.

[19] 吴俊杰. 边缘革命：STEM 教育的破局之路[J]. 中小学信息技术教育，2014(3)：21-22.

[20] 朱高峰. 高等工程教育研究的战略意义——在清华大学工程教育研究中心成立大会上的讲话[J]. 清华大学教育研究，2009(2)：2-3.

[21] 钟秉林，魏红，李婷婷. 我国高等工程教育研究的现状分析与未来展望——近五年高等工程教育研究论文的量化分析[J]. 高等工程教育研究，2011(3)：9-13.

[22] Benitti. F. B. V. Exploring the educational potential of robotics in schools: a systematic review[J]. Computers & Education，2012，58(3)：978-988.

[23] Sullivan. F. R. Robotics and science literacy: Thinking skills, science process skills and systems understanding[J]. Journal of Research in Science Teaching，2008，45(3)：373-394.

[24] Nugent. G, Barker. B, Grandgenett. N, Adamchuk. V. The use of digital manipulatives in k-12: robotics, GPS/GIS and programming. In Frontiers in education conference，2009. FIE'09. 39th IEEE.

[25] Barker. B. S, Ansorge. J. Robotics as means to increase achievement scores in an informal learning environment[J]. Journal of Research on Technology in Education，2007, 39(3)：229-243.

[26] Rusk. N, Resnick. M, Berg. R, Pezalla-Granlund. M. New pathways into robotics: strategies for broadening participation[J]. Journal of Science Education and Technology，2008，17(1)：59-69.

[27] Hussain. S, Lindh. J, Shukur. G. The effect of LEGO training on pupils' school performance in mathematics, problem solving ability and attitude: Swedish data[J]. Educational Technology & Society，2006，9(3)：182-194.

[28] Lindh. J, Holgersson. T. Does lego training stimulate pupils' ability to solve logical problems[J]. Computers & education，2007，49(4)：1097-1111.

[29] Williams. D. C, Ma. Y, Prejean. L, Ford. M. J, Lai. G. Acquisition of physics content knowledge and scientific inquiry skills in a robotics summer camp[J]. Journal of Research on Technology in Education，2007，40(2)：201-216.

[30] Mitnik. R, Nussbaum. M, Soto. A. An autonomous educational mobile robot mediator[J]. Autonomous Robots，2008，25(4)：367-382.

第3章 STEM 创新教学模式

长期以来，以知识获取为核心的分科式教育模式为我国培养了大量知识面广、基础扎实的人才，为改革开放和国家建设提供了坚实的人力资源基础。随着环境和时代的不断变化，教学模式也在不断改进，教学模式是为教学目的服务的。如何改善并创新教学模式是我们亟待研究的重要问题。从 STEM 教育的实施经验来看，第一，要在教学上突出项目引领的方式，加强对基础教育阶段学生科学素养的培养；第二，要强化工程素养的融入，为基础教育阶段的教育改革和发展提供导向；第三，要更加注重对学生协作、探究综合能力的培养。

基于项目的学习（Project-Based Learning，PBL）教学模式是一种以生活经验为取向，以"真实问题"为核心的基于项目的教学模式，体现了 STEM 教学项目引领的需求导向，成为 STEM 教学中一种广泛应用且效果良好的教学模式。

工程设计教学模式是以科学基础知识整合为取向，以"实现更优化的设计"为核心的教学模式，这种教学模式对科学、技术、数学和工程等多学科的融合及使用的要求更高。

另一种适用于 STEM 的教学模式——协作—探究学习（Collaborative Inquiry Learning，CIL）教学模式由探究性学习（Inquiry-Based Learning，IBL）发展而来，

其中 5E 教学模式是探究性学习的经典教学模式之一，它是美国生物学课程（BSCS）的主要研究者之一贝比（R. Bybee）于 2000 年开发的。我们在 5E 教学模式的基础上，创新性地加入协作元素，弥补其在学生间、小组间的协作及课后反馈方面支持和关注的不足，形成以协作学习为取向，以科学深度探究整合为核心的 CIL 教学模式。该教学模式充分迎合 STEM 教育的核心特征——协作性，从理论上更加贴合 STEM 教育的教学需求。

在表 3-1 中，列举了适用于 STEM 教育的三种创新教学模式，从教学模式名称、适用侧重、典型特征及与 STEM 教育核心特征吻合的程度对三种创新教学模式进行了简要的概述。

表 3-1 适用于 STEM 教育的三种创新教学模式

教学模式名称	适用侧重	典型特征	与 STEM 教育核心特征吻合的程度
PBL	技能学习	真实性、技能性、跨学科、以学生为中心	跨学科、体验性、情境性
工程设计	工程教育	真实性、设计性、整合性、反思性	跨学科、体验性、情境性
CIL	科学发现	真实性、探究性、整合性、协作互动性	跨学科、体验性、情境性、协作性、趣味性

3.1 STEM 创新教学模式——PBL 教学模式

PBL 教学模式发源于加拿大 McMaster 大学的医学教育，后被广泛应用于医学、工程和商业领域。在过去的很长一段时间，人们对 PBL 内容仅局限于低层次的事实性知识和一般技能的获得，并且认为是工作表格（Work Sheets）的一种泛用模式，使得学生很少有机会用不同方式表达自身所学知识，因此学生缺乏接触和解决真实情境问题的实践经验，造成学生难以充分利用所学知识来制作项目成品。如今，我们提到 PBL 教学模式，更多关注其中能反映认知水平的复杂项目。一方面，学生通过在对复杂项目解决的过程中来构建自身知识；另一方面，老师通过提供"脚手架"和多种支持手段来促进 PBL 教学模式的开展。

PBL 教学模式对于 STEM 教学的开展具有较强的适用性和支持性，二者在跨学科、体验性、情境性方面有较高的相容性。STEM 课程大多是以真实情境中项目的提出为出发点，整合多种学习途径和学科知识，特别倡导学生的个性化、创造力、思维能力和解决问题能力的发展。STEM 课程与 PBL 教学模式具备多个连接点，例如，学习的主体是学生；课程的核心是与现实相关联的项目；在项目结束后需要成品展示；在进行项目的过程中使用信息技术支持；在整个过程中都注重学生综合能力的培养等。

PBL 侧重围绕某个具体的学习项目，充分选择和利用最优化的学习资源，在实践体验、内化吸收、探索创新中获得较为完整和具体的知识，掌握专门的技能，得到充分的学习。PBL 教学模式的特点包括以下 6 个方面。

1．提出一个引发性的问题

PBL 教学模式中最显著的特征是以问题为导向，问题是用来组织和驱动学习活动的一种手段。Dewey 认为，在项目中的引发性问题能够培养学生的科学性思维和深度思考能力，二者正是教育的核心目标的组成部分，采用这种方法能够帮助学生解决有趣的学科问题及保持学生孩童时期的好奇心。

2．完成一个（或一系列）作品

PBL 教学模式中的作品不仅包括成品，而且包括设计图和最终产品的草稿图。作品能够促使学生对作品的构建过程进行思考，或在某个事例上（如施工队）按序列执行任务，这个过程对促进知识的加工起到"桥梁作用"，同时也是传统教学模式常忽略且难以解决的，在项目完成的过程中，学生仍然需要老师的支持。事实上，作品的制作能够促进学生之间、师生之间持续的、面向任务的互动。老师的反馈不仅体现在课程进行中的正式评估，而且更多地体现在老师和项目小组之间不断地非正式的持续指导中。

3．学生能够主导学习过程

学生在 PBL 教学模式中有了控制实施其先行知识和经验的机会。Laura Helle 认为，PBL 教学模式的强大力量决定了它能赋予学生更多的可能性和自由度，它使学生能够按照自身的步调以独特的方式发挥主观能动性去解决问题，这不仅有助于学生激活、应用和获得概念和事实，而且有助于学生表达解决后续问题的学习策略等信息。

4．强调学习活动中的合作和经济效益

PBL 教学模式中的老师、学生及涉及该项活动的其他人员通过相互合作形成"学习共同体"。在"学习共同体"中，成员之间是一种密切的合作关系。PBL 教学模式能促使师生与社会中不同群体进行沟通、交流，学生在学习过程中的文献资料及最终作品都能够与老师、家长和商业团体进行共享，学生制作的成品也有可能提供给商家并允许其在市面上销售，从而直接体现一定的经济效益。

5. 真实情境化学习

认知因素和情境化学习共同促进了基于真实情境或模拟真实情境的学习效果。认知心理学家认为，真实情境的学习环境能够促进已学知识的回忆和唤醒。情境主义者认为，学习不仅仅是接受知识，更需要参与团体实践，理想的学习环境能够让学生体验到真实生活中的工作实践，进而促进知识的迁移。

6. 具有使用和创造多重表达模式的潜能

在现代社会的工作中，大多数任务要求以不同的方式配合使用跨学科知识。许多研究表明，在不同学科之间建立连接或连接不同知识的表达模式是非常困难的，其主要原因包括两个方面：一方面，由于学生缺乏适用于多种学科的表达模式；另一方面，由于学生整合思考问题的能力较弱。PBL 教学模式不仅能促使不同学科知识进行整合，而且能够使整合后的知识形成理论并应用于实践，即通称的"融会贯通"。另外，在 PBL 的项目实施过程中，学生能够看见并切身体会到知识在 PBL 教学模式的引导下，原有的难度得以降低，自身的思维模式被经验性知识不断丰富，最终形成了较强的整合性思维模式。

PBL 的教学流程

PBL 教学模式是运用精心组织过的、真实的且与课程内容密切相关的项目来达到教学目标，促进学生学习，为学生提供学习经验。PBL 的教学流程通常包括选定项目、制定计划、活动探究、作品制作、成果交流和活动评价 6 个步骤。

（1）选定项目。PBL 教学模式选择的学习项目应具有一定的复杂性。首先，在锻炼学生基本能力的基础上进行多学科融合，项目内容的丰富度可以为学生提供至少长达一周时间的探究；其次，所选择项目应该与学生日常生活经历相关，最好符合学生兴趣范围；最后，要充分结合学校实际条件，选择更适合在学校进行项目效果检测的主题来开展。

（2）制定计划。在 PBL 中，学生应合理地制定计划以掌握、调节活动进度，这样也有利于老师对整个学习过程的引导、调节与评价。制定的计划应包含时间安排计划和活动计划，通过制定时间安排计划来对整个项目所需时间做总体规划，再进一步安排详细的活动流程；通过制定活动计划来对 PBL 中所涉及的活动进行预先规划设计。

（3）活动探究。活动探究是 PBL 的核心部分，学生团队在活动探究过程中提出假设，借助一定的研究方法和技术工具来收集信息，加工并处理信息，验证假设或推翻最初的假设，得出最终方案。

（4）作品制作。PBL区别于其他活动教学的典型特点就是作品制作。学生综合运用之前学到的知识和技能来完成项目作品，这些作品可以是研究调查报告、实物模型、数学模型、图片、音像、网页和戏剧表演等多种形式。学生团队在制作作品的同时，表现出他们在PBL中所获得的知识和掌握的技能。

（5）成果交流。学生团队在作品制作完成后，各个小组进行成果交流。在分享成果的同时互相学习并且进行反思。

（6）活动评价。在这种PBL教学模式中，评价要求由专家、学者、老师及学生共同完成。它不仅要求对结果的评价，而且更强调对学习过程的评价，将定量评价和定性评价、形成性评价和终结性评价、对个人的评价和对小组的评价、自我评价和他人评价进行结合。评价的内容包括课题选择、学生在小组学习中的表现、计划、时间安排、结果表达和成果展示等方面。对结果的评价强调学生对知识和技能的掌握程度；对过程的评价强调对实验记录、各种原始数据、活动记录表、调查表、访谈表和学习体会等的评价。

PBL应用十分广泛，它往往是由学生需要解决的诸多问题组成的，为学生提供了融入真实情境的体验，为学生对科学、技术、工程和数学各领域中的研究提供了有力的支持，同时培养了具有批判性思维能力的学生。将STEM与PBL进行有效整合，这对整个教学过程来说是具有创造性的。它包含了现实生活中的真实任务，采用制作的模式、学生选定感兴趣的话题、分析其受众、确定制作的作品、规划学习流程、开展学习活动，直至作品的完成和反思。

动动脑筋思考

根据PBL教学模式的基本特征及流程，思考PBL与技能学习的契合点在哪里？

3.2 STEM创新教学模式——工程设计教学模式

工程设计有其固有的设计模式和设计过程。工程设计教学模式在充分吸收工程设计的内涵和特征后与教学理论融合形成，这种教学模式能够弥补传统教学模式在工程教育方面凸显的实践不足的劣势。工程设计教学模式通过为学生提供工程学习的"脚手架"，激发学生对工程课程的学习兴趣，极大地提高学生动手操作能力，最终提高学生的学习成绩和解决问题的能力。工程设计教学模式是一种适用于工程教育的高效教学模式。

常见的工程设计教学模式

为了工程设计过程方便,通常需要借鉴一些成熟的工程设计教学模式。工程设计教学模式简化了工程设计的系统过程,使得工程设计的学习能够被更好地理解,并且在设计过程中得到更好的应用。

关于工程设计,国外多以项目为基础,强调以学生为中心面向实践的团队合作,主张通过基于项目的设计教育,开发诸多工程设计教学模式。

◇ 线性模式

澳大利亚昆士兰大学教授 Lyn 认为,对问题的界定意味着澄清和重申该问题的目标,工程设计通过识别问题的解决方案来满足约束条件,探索可行性的问题并借鉴相关的上下文来增加更多的含义,同时借助材料工具来进行试验验证。他们从 STEM 融合的视角进一步设计了工程设计教学模式,包括问题解决、产生想法、设计与建构、评价和重设计 5 个阶段。

该模式突出强调了 STEM 各学科知识在工程设计每个阶段中的融合,但它只是线性的过程设计模式,缺乏对各个环节之间的动态调整。

◇ 环状模式

美国马萨诸塞州教育部门从问题解决的角度开发了工程设计教学模式,包含辨识问题的需求、研究问题的需求、开发潜在解决方案、选择最佳方案、构造模式、测试和评价解决方案、交流解决方案及重设计 8 个环节。

该模式对工程设计过程进行了简单的分割,把每个环节分解为独立的个体进行对待,但没有意识到各个环节之间可能存在的相互影响和联系,其操作程序并不能实现随机发展或变更。

◇ CDIO 模式

工程设计的另一个典型模式是 CDIO（Conceive 构思、Design 设计、Implement 实现、Operate 操作）工程模式。有学者将 CDIO 主张的"做中学"和"PBL"思想应用到英语、计算机等学科教学中。通过项目教学的形式,将学生置身于模拟的 CDIO 工程模式的课堂教学环境中,组织学生体验产品的"构思、设计、实现和运行"全过程。

该模式的设计突破了单向的线性模式，设计的过程穿梭于思考与评价之间，并且整个过程是动态的，能够帮助提升学生灵活思考的技巧，提高学生解决问题的灵活性。

典型的工程设计过程

已有的工程设计一般将设计的过程拆分成具体的诸多环节，将交流与优化设计区分成独立的环节进行对待。在实际实践过程中，交流与优化设计会在其他设计环节中循环出现。鉴于此，综合考虑各个工程设计的优点，对工程设计过程的各个环节进行优化和整合，形成一个更加符合实际操作的工程设计过程，如图 3-1 所示。

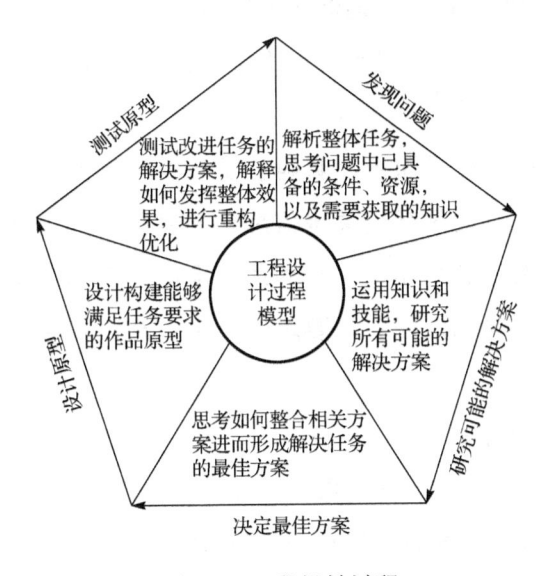

图 3-1 工程设计过程

改进的工程设计过程主要分为发现问题、研究可能的解决方案、决定最佳方案、设计原型和测试原型 5 个环节。其中，发现问题环节主要是要求学生解析整体的工程设计任务，思考问题中已具备的条件、资源，以及需要获取的知识；研究可能的解决方案环节主要是要求学生运用知识和技能，研究所有可能的解决方案；决定最佳方案环节主要是思考如何整合相关的方案进而形成解决任务的最佳方案；设计原型环节要求学生分小组设计构建能够满足任务要求的作品原型；测试原型环节要求学生测试改进任务的解决方案，解释如何发挥整体效果，进行重构优化。

1. **发现问题**

在解决任务的开始阶段，明确要解决的问题是什么，这是一件很重要的事情，也是得到最佳解决方案前的一个非常重要的步骤。如果对要解决的问题不明确或者理解不充分导致对任务要求产生误解，那么将会导致在后期工程设计过程中偏离正确的轨道，设计的产品不能满足用户需求，浪费大量的时间。可见，对问题的明确是非常重要的一个环节。一个设计产品如果没有重复其他已知的设计或者不能满足大多数用户的需求，那么这个设计产品就是没有价值的。因此，我们需要能够从情境中提取出有效信息，辨识任务解决的问题和需求。在非良构的问题情境中发现问题，首先能最大限度地定义问题，分析问题的限制条件和需求。例如，在设计一个能够快速转动的风扇任务情境中，学生对问题的定义有：

（1）设计一个转动的风扇，要能够转得很快。

（2）设计一个转动的风扇，要用最大的齿轮驱动最小的齿轮，可以用多个不同的大齿轮驱动小齿轮。

第一个定义对问题进行了描述，明确了要解决的任务。虽然可能符合问题的要求，但是没有给出太多对问题解决关键信息的描述。这样设计的产品可能无法准确地满足任务的需求，因为它表述得太含糊或不准确。而第二个定义不仅对问题的内容进行了描述，而且对要完成任务的要求进行了说明，给后续的设计工作提供了一个明确的方向。

2．研究可能的解决方案

研究可能的解决方案是基于对问题明确后的一个必经环节，能够在基于已有的方法上区别不同可能的解决方案的优劣来进行创新和优化。学生可以借助几种方法和技术来帮助自己产生最初的创意，如头脑风暴，通过鼓励学生记录所有的想法，包括那些可能完全不切实际的想法，不要对学生产生的想法进行评判。这个过程可以使学生产生尽可能多的想法，因此要多鼓励学生将自己的想法建立在别人的想法之上。另外一种方法是列属性清单，鼓励学生在分析问题的基础上对应解决问题的每种需要，设计出对应属性要求的解决方案。

在明确问题和研究可能的解决方案的整个过程中，学生可能需要结合自身的经验知识或技术手段，收集所有与解决问题相关的信息和必要的数据，这些数据可以是物理的测量值、已有的设计成果、调查数据或任意数量的其他类型的信息，然后详细分析问题解决的关键点，进而为区别不同解决方案的优缺点提供坚实的数据支撑。

3．决定最佳方案

从设计想法到原型设计，中间的一个重要环节必须要能够从诸多可能的解决方案中快速进行归类并进行筛选,确定哪些方案是不可行的,哪些方案可以整合或者优化,进而确定一个完整可行的最佳方案,为下一步进行原型设计提供整体指导。最好的途径就是提供一个与解决问题相关的评价标准供学生参考,如果解决方案涉及的产品满足可靠性、坚固性等标准内容的要求,那么可以将其作为重要的备选解决方案。

4. 设计原型

设计原型是指从问题分析到方案合成的一个验证过程,分析是对问题整体的拆解并研究每个部分的需求,而方案合成需要融合许多实际的需求的原则,或者需要方法技术的应用有机地进行整合并创造性地运用,以解决问题。许多设计人员通过设计原型来标识设计产品过程的薄弱环节,并在这个过程中努力改进。在设计过程中可能也会涉及对原型的测试,需要仔细研究和探讨可能的解决方案,并不断消除不良或不恰当的解决方案。

5. 测试原型

设计原型过程中涉及各个方面的问题,尽管设计草图和最佳方案能够为设计实施阶段提供"脚手架"的支持,但设计过程依旧可能会出现新的限制或挑战,之前设计的最佳方案也可能会被证实是一个不好的方案。因此需要对原型进行测试,并不断进行迭代改进。

动动脑筋思考

工程设计教学模式的具体流程是什么?

3.3 STEM 创新教学模式——CIL 教学模式

CIL 教学模式来源于 2000 年美国生物学课程(BSCS)的主要研究者之一贝比(R. Bybee)提出的 5E 教学模式,5E 教学模式建立在探究学习的基础上,它是探究学习最广为运用的教学模式之一。我们团队在结合 5E 教学模式的优势的基础上,针对其在学生之间及协作小组之间互动的不足、课后反馈环节的缺乏等主要问题,对其进行完善和升级,形成了 CIL 教学模式。

CIL 教学模式是以真实情境下综合性科学问题的深度探究为学习目标,以学生相互协作为学习方式,它体现出情境性、跨学科、体验性和协作性、趣味性,这些正是

STEM 教育的核心特征。它对于 STEM 教育中的学科（如生物、化学、物理等）有较强的适应性，对培养科研团队协作的能力有理想的效果。

本节我们将 STEM 创新教学设计聚焦于 CIL 教学模式，将 CIL 教学模式融合到 STEM 教育的过程中，使二者在情境性、跨学科、体验性、趣味性和协作性方面有较高的相容性。

CIL 教学模式与 STEM 教学模式

◇ CIL 教学模式的融合

协作和探究是培养学生创新和创造能力的两种有效的教学方式。协作是一种既适合老师主导作用的发挥，又适合学生自主探索、自主发现的教学策略。而探究学习强调学生通过主动地参与科学探究的过程，掌握科学概念和科学探究方法，形成科学态度，培养科学素养。结合二者的优势及实际的教学特点，本章研究设计开发了 CIL 教学模式，使得学生在协作和老师的指导下更好地完成探究过程，培养学生的协作能力和探究能力，进而提高学生的创新能力。

◇ 探究学习

探究学习是由美国芝加哥大学施瓦布教授首次提出的，主张引导老师直接用科学研究的方式进行教学，把科学的可变性渗透到课程中，以便让学生更好地理解科学的本质。探究学习是与接受式学习相对的，它是一种在好奇心驱使下以问题为导向，学生有高度智力投入且内容和形式都十分丰富的学习活动。

探究学习中的探究并非完全科学家似的科学探究，而是指学生在老师的指导下，为培养科学素养以类似科学探究的方式所开展的学习活动。与科学探究相对应，探究学习遵循以下典型环节：形成问题、收集数据、提出假设、检验假设和交流结果。同时，探究学习只适用于某项学习的中高级阶段，要求学生具有一定自主探究的学习能力。

5E 教学模式是探究式教学的经典教学模式。这个模式强调以学生为中心及通过运用调查和实验的方法解决问题，促进学生对科学概念的理解和知识的建构。该模式的基本环节是：吸引（Engage）、探究（Explore）、解释（Explain）、迁移（Elaborate）和评价（Evaluate）。

1. 吸引

吸引是学生对学习内容初体验的环节。在吸引环节，老师要将课程内容融入到有意义的活动和生活实例中，学生针对老师提供的情境或现象进行思考并引发新旧概念的认知冲突，激发学生的学习兴趣和进一步探究的欲望。此过程可以通过看视频、头脑风暴、实地考察、提供问题情境或展示相异事件等方法实现，其主要目的就是吸引学生的注意力，激发学生的学习兴趣和探究意识。

2. 探究

探究是 5E 教学模式的中心环节，学生要针对特定的内容进行探究活动。在此过程中，学生是主体，他们要采取自主、合作的探究方式，通过观察、比较、概括和交流等形式建立事物之间的联系；老师是探究活动的主导者，扮演聆听、观察的角色，鼓励学生自主操作，对学生给予个性化指导，并提供"脚手架"的支持。

3. 解释

解释是新概念的生成环节，在探究完成后，学生要用自己的语言解释探究结果，并且形成初步解释。然后，老师给出科学的解释、术语或概念，这是使新概念或方法明确化和可理解化的过程。在此过程中，讲授是最常用的策略之一。此外，老师还可以通过多媒体软件演示、提示讨论和演讲、辩论等多种方式辅助对新概念的解释。

4. 迁移

迁移是对新概念的迁移运用，学生在获得新概念后，需要将这些概念运用到新的、具有关联性的问题或情境中。老师应该给学生足够的时间和空间去参与讨论和获取信息，以不断加深对新概念的理解。在此过程中，老师要给学生安排一个新的探究任务，引导学生应用在上个环节中学习到的新概念或新方法，不断内化新知识，并培养团队协作、信息获取和问题解决的能力。

5. 评价

评价贯穿于整个教学过程中，不仅包括老师评价，而且包括学生自评与学生互评；不仅关注过程性评价和总结性评价，而且关注发展性评价。在此过程中，老师可以通过观察、提问、记录等多种形式对学生进行综合评价，还可以利用大数据、云计算等分析技术来获得个性化、全方位的监测信息。

在 5E 教学模式的基础上，Burke 结合 STEM 课程的特点，提出了基于设计的 6E 学习模式，分别为吸引（Engage）、探究（Explore）、解释（Explain）、设计（Engineer）、拓展（Enrich）和评价（Evaluate）。6E 学习模式融合了"设计"的思想，学生将像工程师一样真正地进行设计和建造工程，该模式有意将工程设计的环节融入到现代课堂中，但是该模式各个部分的连接不紧密。

◇ 协作学习

协作学习是学生以小组的形式参与，完成共同的学习目标，在一定的激励机制下最大化个人和他人习得的成果而合作互助的一切相关行为。

协作学习通常由4个基本要素组成，即协作小组、成员、辅导老师和协作学习环境。小组成员的协同工作是完成班级学习目标的有机组成部分。小组协作活动中的个体（学生）可以将其在学习过程中探索、发现的信息和学习材料与小组中的其他成员共享，甚至可以同其他组的学生或全班学生共享。在此过程中，学生为了完成小组学习目标，个体之间可以采用对话、商讨、辩论等形式对问题进行充分论证，以获得完成学习目标的最佳途径。

协作学习的实质是学生主动建构自身知识体系的过程，是建构主义的一种典型表现，同时，协作学习也具有联通主义的多个特征。一般而言，协作学习的实施流程分为如下5个步骤：

（1）学生分组。科学分组是成功开展协作学习的第一步也是最为关键的一步。相对于结构不良的小组，结构优良的小组在学习气氛、协作表现、学习效果等各方面都表现优异。学生在长期的个体学习中形成了鲜明的个性学习方式和学习倾向，统称为学习风格。我们可以通过使用所罗门（Barbara A. Soloman）开发的学习风格量表对全体学生的学习风格进行评价，再根据组内异质、组间同质的原则进行分组，每组人数4~7人为宜。

（2）协作小组分工的确定。协作小组中学生的身份和分工不同，分为主导型、奉献型、协调型和自我型。值得注意的是，由于每次的学习内容不同，因此学生对于学习内容的先行知识和学习能力不同，故每次协作时分工的变化是不可避免的，但必须把握一个原则——协作学习中协作小组的成绩也是各位组员的成绩。

（3）协作学习的目标分析。老师为协作小组设定的学习目标往往是最终目标，协作小组需要通过组间协作首先完成目标的分析，将最终目标拆分为多个难度不同的子目标。这个行为具有决策性，在联通主义的视角下，决策本身就是一种学习。

（4）协作学习的支持。协作学习需要借助一定的支持，老师应当及时为协作小组提供"脚手架"，其表现形式不固定，它可以是面对面协作的实验器材、实物模型和文献资料，也可以是基于互联网的电子信息资源、软件及教学插件等。

（5）协作学习效果的评价。因为协作学习自始至终都是以协作小组为单位进行的，所以对于学习效果的评价与个体学习效果的评价存在范畴方面的区别。评价方式除可以采用个体学习的标准化测试外，还可以拓展到自评、组内评价、组间评价等交互性质的评价方式。

✧ CIL 教学模式的特征

CIL 教学模式的实质是基于问题解决活动进行的协同性知识建构，以协作的问题解决活动为主线，同时整合了其他知识的获取方式。这种教学模式具有如下 4 个特征：

（1）真实性。探究学习的展开以真实情境下的科学问题为出发点，在创设情境中特别注重真实性。

（2）探究性。"学习开始于问题"，学习过程中最主要的活动是要保持高水平思维，学习的结果是获得深层整合的、可以灵活迁移的知识和高级思维技能。

（3）整合性。以学习解决问题为主线，与其他学习途径互补。在问题的推动下，学生会主动地查阅相关资料，并且进行现场考察、观测分析或询问专家，而后将从不同途径获得的信息综合运用到问题解决活动中。

（4）协作互动性。学生分工协作，彼此交流并分享成果和经验，进行观点交流和综合，共同贡献于探究任务。

✧ CIL 教学模式的过程

5E 教学模式很好地指导了老师开展探究教学，但其对于学生间与小组间的协作学习并没有给予足够的关注与指导。同时，5E 教学模式只关注课堂教学的环节，但是忽略了课后反思对学生学习的促进作用。所以在 5E 教学模式的基础上，结合实际教学的需求与特点，我们设计了如图 3-2 所示的 CIL 教学模式。

在 5E 学习模式的基础上，我们将吸引和探究环节整合成为初探环节，并添加了分享和反思两个阶段，最后形成了由 6 个阶段构成的一个新的"学习环"。同时，该模式更加强调协作学习的重要性。在"学习环"的外围，有老师和小组形成的"关系环"，"关系环"体现了课堂中老师与学生之间、小组与小组之间的协作关系。

1. 初探

初探阶段是学生初步接触课程内容并进行初步探索的阶段。在初探阶段，老师通过设置与课程主要内容相关的小任务,明确课程的主题,引发学生对当前课程主题的思考,并对可能发生的问题进行探讨。初探阶段为学生提供了必要的概念、程序及技巧。初探活动的目的在于为学生在正式接触概念、程序或技巧前,通过与教学情境、材料及老师的互动,让学生回忆已经掌握的知识和经验。

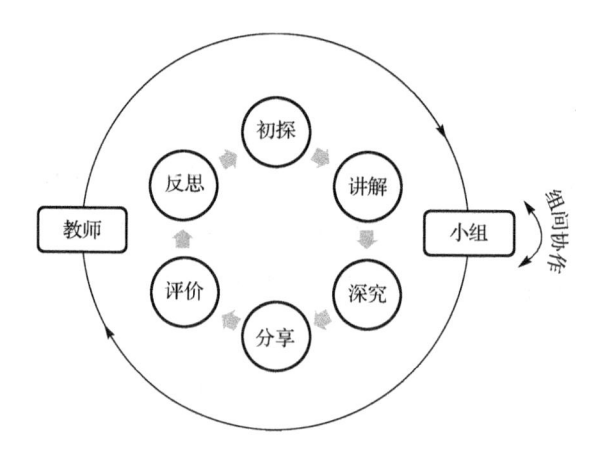

图 3-2 CIL 教学模式

2. 讲解

在讲解阶段,老师针对在初探阶段中学生出现的问题进行总结,并讲解与课程主题相关的核心知识点。通过对核心知识点的讲解,帮助学生学习完成探究任务所需要的关键知识,并引导学生整合知识、获取经验,促进学生进行更深入地思考,为接下来的阶段做准备。

3. 深究

深究阶段是 CIL 教学模式的中心环节。本阶段是在初探与讲解阶段的基础上,利用一项综合的任务,促使学生综合运用所学的知识,并在此基础上进行更深入地探索。老师在探究过程中引导学生进行小组内、外的协作,进而促进学生协作能力的提高。

4. 分享

分享阶段是让学生展示其小组的最终成果。通过展示环节,一方面,每个小组都可以分享本组的思路和创意,小组之间可以相互借鉴和学习,也可以把在完成任务的过程中遇到的问题与大家讨论,进而解决问题;另一方面,可以提升学生的荣誉感与成就感,并促进小组内的协作。

5. 评价

通过在学习过程中老师和助教的观察、小组成果的展示及相应的评价工具，老师可以对学生探究、协作的学习过程进行评价。老师通过评价可以了解学生的学习效果是否达到学习目标，同时对教学模式进行改进。学生通过评价可以了解自己的学习状况，为下一轮的学习做更加充分的准备。

6. 反思

反思阶段的主要目的是让学生和老师对学习过程进行深入地总结，使学生对知识有更深刻的理解，同时也对探究过程及小组协作进行反思。通过老师的课堂总结，以及学生的实验单、总结报告等多种反思方式，学生可以更好地理解新知识，老师可以更好地设计和改进课堂教学模式。

CIL教学模式是以学生为中心的"教与学"方式的整合。老师在此过程中不再是一味地向学生灌输知识而是起到指导和启发学生的作用，辅助学生进行探究与协作。学生在此过程中以小组协作的方式进行探究学习，通过小组内与小组间的交流、分工、互助和探究来完成每节课的任务。在这种CIL的学习过程中，学生的协作能力与探究能力得到提高，最终达到提升其创新与创造能力的目的。

动动脑筋思考

说说CIL教学模式的基本过程是什么？

参考文献

[1] Brophy. J, Alleman. J. Activities as instructional tools: a framework for analysis and evaluation[J]. Educational Researcher, 1991, 20(4): 9-23.

[2] Helle. L, Tynjälä. P, Olkinuora. E. Project-based learning in post-secondary education-theory, practice and rubber sling shots[J]. Higher Education, 2006, 51(2): 287-314.

[3] Veenman. M. V. J, Beishuizen. J. J. Intellectual and metacognitive skills of novices while studying texts under conditions of text difficulty and time constraint[J]. Learning & Instruction, 2004, 14(6), 621-640.

[4] Christiansen. F. V. Exemplarity and educational planning[M]. Project Studies-A Late modern University Reform, 2009.

[5] Morgan. A. Theoretical aspects of project-based learning in higher education[J]. British Journal of Educational Technology, 1983, 14(1): 66-78.

[6] Wenger. E. Communities of Practice: Learning as a Social System[M]. Systems Thinker, 1998.

[7] Someren. M. W. V. Learning with multiple representations[M]. Educational Environment, 1998.

[8] Nicol. D, Milligan. C. Rethinking technology-supported assessment practices in relation to the seven principles of good feedback practice[M]. In C, 2006.

[9] Barrows. H. S, Bennett. K. The diagnostic(problem solving)skill of the neurologist. experimental studies and their implications for neurological training[J]. Arch Neurol, 1972, 26(3): 273-277.

[10] Kolodner. J. L, Crismond. D, Gray. J, et al. Learning by design from theory to practice[A]. Proceedings of the International Conference of the Learning Sciences[C]. Charlottesville, VA: AACE, 1998: 16-22.

[11] 陈爱萍, 黄甫全. 问题式学习的内涵、特征与策略[J]. 教育科学研究, 2008(1): 38-42.

[12] Resnick. L. B. Education and Learning To Think[M]. National Academy Press, 2101 Constitution Ave. NW, Washington, DC 20418, 1987.

[13] 黄志南. 基于工程设计的乐高教学对小学生科学成绩和问题解决能力的影响研究[D]. 北京师范大学.

[14] 吴莉霞. 活动理论框架下的基于项目学习（PBL）的研究与设计[D]. 华中师范大学, 2002.

[15] Bybee. R. W, Taylor. J. A, Gardner. A, Van Scotter. P, Powell. J. C, Westbrook. A, Landes. N. The BSCS 5E instructional model: Origins and effectiveness[M]. Colorado Springs, CO: BSCS, 2006.

[16] English. L. D. King, D. T. Stem learning through engineering design: fourth-grade students' investigations in aerospace[J]. International Journal of Stem Education, 2015, (2): 1-18.

[17] 刘黄玲子, 黄荣怀. 协作学习评价方法[J]. 现代教育技术, 2002, 12(1): 24-29.

[18] 包昊罡, 康佳, 李艳燕, 齐虎春. 基于设计的"协作—探究"教学模式创新与实践[J]. 现代远程教育研究, 2005(6): 70-78.

第4章 STEM 创新教学活动设计

与传统教育的学习活动不同，STEM 学习活动更强调在学习活动中有意识地引入精心设计的游戏类内容和具有挑战性的内容，使学生在学习活动中更轻松、更愉悦地获取知识。在第 3 章中我们已经介绍了 PBL，工程设计，CIL 等几种 STEM 教育的典型教学模式。同样，STEM 的活动设计也必须根据具体的学科内容选择适配的教学模式框架来开展。

（1）PBL 活动设计。这类活动多发生在医学、工程、工商管理和经济金融等学科的学习中。在 PBL 活动设计中，问题的提出和项目的设置是关键。在活动过程中，PBL 活动强调动脑、动手，要求学生亲自参与理论学习和实践操作过程，活动以问题的解决和项目的完成为重点。在 PBL 的活动设计中，学生的思辨能力和操作能力都将被极大地激发和彰显。

（2）工程设计活动设计。这类活动多发生在诸多工程学科中，如机械工程、环境工程、土木工程等学科。在工程设计活动中，设计物的制造和优化是关键。在活动过程中，要求学生通过动手实践操作及采用工程设计模式来完成设计并开拓工程设计的思维。

（3）CIL 活动设计。这类活动多发生在团队协作型的学习活动中，它侧重引导学生之间相互依赖、相互启发和相互促进。在 CIL 活动设计中，目标可以是问题、项目，也可以是产品。一般而言，单纯的 CIL 学习活动比较少，它往往融合 PBL 或者工程设计的思想来设计活动。

无论我们采用何种教学模式进行 STEM 活动设计，我们都必须认识到：跨学科性始终是 STEM 学习活动设计的基本要求。因此，我们要打破已有的学习活动设计理念的桎梏，从 STEM 教育的核心特征出发，在多学科融合的基础上设计活动。活动不必拘泥于课堂、实验室等校内场景，可以扩展到科技馆、文化宫等校外场所。

下面我们将依次介绍 PBL、工程设计及 CIL 三种教学模式的 STEM 创新活动设计，并在每个活动设计中都呈现了丰富、翔实的活动案例，从小学、中学到大学展现不同阶段的 STEM 创新活动。同时，也从校外科学场馆中展现不同场景下的 STEM 创新活动，更全面地展示正式学习和非正式学习形式下的 STEM 活动设计，为读者独自开展 STEM 创新活动设计提供思路和行动指南。

4.1 PBL 教学活动设计

PBL 教学活动设计流程

在第 3 章的学习中，我们已经了解了 PBL 教学模式的基本特征和教学流程。在此基础上，我们根据已经实施的 PBL 教学活动，总结性地提出 PBL 教学活动设计流程，为科学地进行 STEM 教学活动设计提供指南，如图 4-1 所示。

◇ 分析阶段

分析阶段主要是根据课程标准对学习目标和学习内容进行具体分析，结合中小学生的认知特点和认知水平对知识内容的重点和难点进行把握。

◇ 设计阶段

PBL 教学活动中的项目或问题的主题是衔接前期分析与活动设计的关键环节。新课程改革中十分强调将课程内容回归生活，PBL 教学活动应当围绕学生生活中的问题和热点来展开，其活动主题应当是完整的知识链，而非支离破碎的知识片段，即知识具有完整性和系统性，是值得学生进行深度探究的。此外，PBL 活动主题应当符合学生的年龄特点、兴趣等，并保证他们具备对其进行探究的能力，并能得出相应的结果。

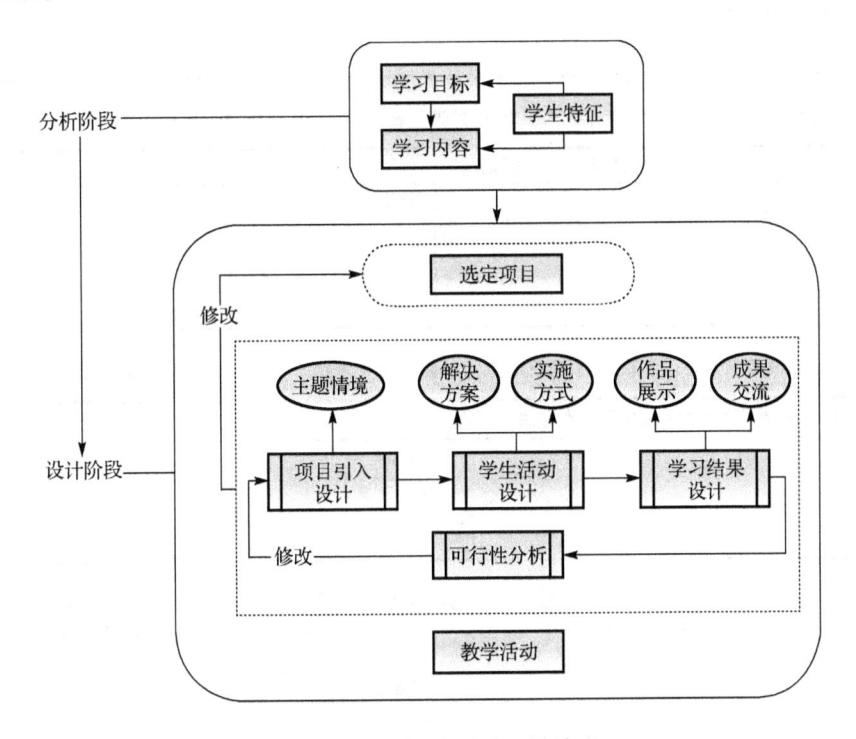

图 4-1　PBL 教学活动设计流程

在确定课程的项目或问题的主题后，为项目或问题设计引入情境。项目或问题的情境应该是紧密结合学生实际生活的，老师应巧妙设计情境从而将主题原汁原味地呈现给学生。在引入设计的同时考虑进行该 PBL 教学活动所需的各种学习资源的建设，这些资源包括教学过程中需要的信息、材料和工具等。

为学生设计教学活动是对学生可能选取的项目或问题解决方案的构想，包括完整的分析过程、信息收集过程、制定计划过程、方案实施或产品制作过程及成果展示交流过程。在教学过程中，学生对学习活动的构想反过来也可以优化问题的设计。

◇ 学习任务单

在学习过程中，老师可以通过设计学习任务单引导学生一步步地进行 PBL 的科学学习，PBL 的学习任务单如表 4-1 所示。

表 4-1 PBL 的学习任务单

1. 在本次任务中,我知道我要解决的问题或者完成的任务是什么。我能用语言把它清楚地写出来。

描述问题的格式:<u>谁</u> 需要 <u>什么</u>, 因为 <u>原因</u>。

2. 我能联系实际生活,对上面要解决的问题/项目进行研究。我能把问题进一步分析并清楚地写出来或画出来。

我知道其他人是通过什么途径或方法解决这个问题的	
(写)	(画)

3. 我能想到很多其他可以解决问题/项目的方法,并能把我想到的所有方法写出来或画出来。

我自己想到很多其他可以解决问题/项目的方法	
(写)	(画)

4. 我在分析问题/项目时遇到一些困难,我能将解决问题需要了解的知识点写出来或画出来。

我需要学习的知识点和学习它们的途径	
(写)	(画)

5. 通过上面的学习,我确定了解决问题/项目的最终方案,我能将最终方案详细地写出来或画出来。

我确定的解决问题/项目的最终方案	
(写)	(画)

6. 在我的方案实施后,问题/项目是否得到了解决?我能对我的方案进行改进与反思,并将结果写出来或画出来。

问题/项目是否得到了解决?是( ) 否( )	
我对方案的改进或反思	
(写)	(画)

动动脑筋思考

根据你所教授或感兴趣的课程,思考如何设计 PBL 的学习任务单?

PBL 教学活动设计案例

接下来,我们将分别呈现两个 PBL 教学活动设计案例。第一个 STEM 教学活动是由美国休斯敦大学与科罗拉大学共同开发的"净水大作战——设计一个污水处理装置",第二个 STEM 教学活动是我们团队为中国科技馆科普活动室开发的"星空的召唤——PBL 的望远镜主题教育活动"。

【案例一:净水大作战——设计一个污水处理装置】

水是人类赖以生存和社会发展不可缺少而又无法替代的物质资源。在地球上,哪里有水哪里就有生命,一切生命活动都起源于水。没有食物,人可以维持生存大约一周时间,然而如果没有水,那么人只能维持生存大约三天。可见水对我们来说是必不可少的。

地球上水的总量约为 13.86 亿 km^3,尽管数量巨大,但是能直接被人们生产和生活利用的水却少得可怜。人类真正能够利用的淡水资源仅是江河湖泊和地下水中的一小部分,约占地球总水量的 0.26%。

在这个约 70 亿人口居住的地球上,每个人每天需要消耗大约 1.6 L 的水。如果我们饮用水的质量差,严重时则会危及生命。常年少雨水、水资源匮乏,并且现有水质较差的地区,只能采取对其水源进行过滤、净化处理的方法,使处理后的水符合国家规定的生活饮用水标准,供人们生活饮用。

◇ 学情分析

本次活动面向三~五年级的小学生,这个阶段的学生对生活中的水的净化已经有了感性的认识,知道诸如自来水要煮沸后再饮用等常识。该年龄段的学生充满着好奇心,同时具有强烈的动手操作的意愿。

◇ STEM 学科融合设计

"净水大作战——设计一个污水处理装置"主要融合了 STEM 中的 4 大学科领域,如表 4-2 所示。

污水处理装置的设计与制作过程涉及物理、化学、生物和通用技术等学科知识。在活动过程中设计以科学(科学概念、过滤、蒸馏等)先行,逐次加入技术(草图绘制、测量等）、工程（设计、制作和测试模型等）知识、数学（估算、比较大小等）知识等，进而完成 STEM 综合实践活动。

表 4-2　案例一中融合的 STEM 学科领域

领　域	描　述
科学	通过对净水方式的调查研究与制作污水处理装置，学习污染物及污水处理过程中所涉及的科学原理
技术	在污水处理装置的设计与制作过程中，掌握绘制草图的方法
工程	掌握完整的工程设计过程，包括提出问题、设计方案、选择解决方案、测试解决方案、制作项目、评价数据和演示结果
数学	学生在设计与制作污水处理装置时，要选择合理的方法测量材料用量并采用国际单位记录，通过比较大小及逻辑运算等数学公式的应用，提升学生的数学素养

◇ 活动流程设计

对于污水处理的教学活动，老师按照相关流程组织活动的开展，如表 4-3 所示。

表 4-3　组织污水处理的教学活动流程

流　程	描　述
呈现问题	老师从实际生活入手，导入问题，提出污水处理装置的设计要求，即污水净化后达到肉眼可见的清澈度
分析问题	通过讨论净水的方法使学生将问题内化，总结学习要点，并为下一步设计做参考
收集信息	通过对绘本的阅读了解城市水体净化系统，在与工程师交流的过程中收集需要的信息
构思方案	根据收集的资料和所学知识来设计方案、绘制草图、细化设计要求和明确分工，根据展示的材料确定所用材料与最终方案
测试并改进方案	根据草图进行设备制作，制作完成后用自制装置净化 100mL 污水与原水样对比，观察并记录净化效果
完成作品并展示	按照改进后的方案完成作品并绘制过程海报，展示、交流并回答问题
评价总结	提出总结性问题，并根据学生设计的作品为学生记录本评分

1．呈现问题

老师呈现具体情境，启发学生对水的用途、水质、水体污染物、地球饮用水与空间站用水的讨论。通过向学生展示预先制作的"污水"来呈现问题，即采用提供的材料对污水进行处理，使其达到肉眼可见的清澈度。同时提醒学生，对于专业工程师来说，水"清澈"并不代表水"可饮用"。

2．分析问题

通过小组讨论净水的方法，在白板上呈现策略并交流、讨论，使学生明确问题要求，通过自己的思考将问题分解。

3．收集信息

老师朗读绘本、提出问题、层层引导，让学生了解城市水体净化系统。水利工程师空降课堂，为学生讲解相关知识并回答专业问题。学生在提问调查的过程中收集有效信息。

4．构思方案

将学生进行分组，明确每位组员的分工，引导小组进行头脑风暴，构思初始设计方案并记录在工作表 1 上（见图 4-2）。同时需要列出污水处理装置中计划使用的材料清单和每种材料的具体数量，画出装置草图。

姓名：_____ 日期：_____ 班级：_____

设计污水处理装置的工作表 1

小组名称：

_____

_____

初始计划

材料（列出你可能需要用到的材料及具体数量）

_____

_____

_____

_____

_____

_____

过程（解释你计划如何制作污水处理装置，并在后面画出污水处理装置的草图）

_____

_____

_____

_____

_____

_____

计划起作用了吗？ ○是的，我们组最终采用了此计划 ○不，我们还需要再做尝试

图 4-2　设计污水处理装置的工作表 1

5．测试并改进方案

小组根据草图使用给定的材料进行污水处理装置的制作。在制作完成后，对污水

处理装置进行测试：用自制污水处理装置净化 100 mL 污水，与原水样进行对比，观察净化效果并写在记录本上。实验失败的小组重新设计方案，将改进后的方案记录在工作表 2 上（见图 4-3）。

姓名：_____ 日期：_____ 班级：_____

设计污水处理装置的工作表 2

小组名称：
_____
_____

初始计划

材料（列出你可能需要用到的材料及具体数量）

_____
_____
_____
_____
_____

过程（解释你计划如何制作污水处理装置，并在后面画出污水处理装置的草图）

_____
_____
_____
_____
_____
_____

计划起作用了吗？　○是的，我们组最终采用了此计划　○不，我们还需要再做尝试

图 4-3　设计污水处理装置的工作表 2

6．完成作品并展示

学生按照改进后的方案完成作品，并参考"海报设计布局建议"（见图 4-4）对污水处理装置和实验过程进行海报制作。通过举办小型的工程展示会进行班级成果分享，各组在会上展示自己的成果和过程海报，并且进行互相交流、沟通和回答问题，如图 4-5 所示。

海报设计布局建议

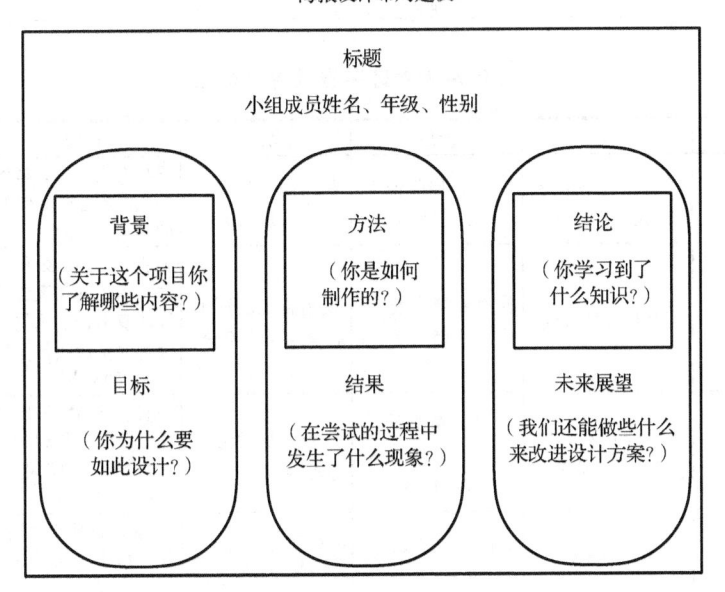

图 4-4　海报设计布局建议

图 4-5　学生成果展示

7. 评价总结

学生上交工程设计记录本,老师参照"设计污水处理装置的评分标准"进行评分,如图 4-6 所示。

姓名：_____ 日期：_____ 班级：_____

设计污水处理装置的评分标准

	较差	一般	良好	优秀	总计
参与度（25%）	不合作；不尊重他人（10分）	尊重、倾听他人发言（15分）	积极参与讨论，提出问题（20分）	积极参与讨论，尊重他人，提出有价值的问题（25分）	
收集信息（25%）	不参与（10分）	使用资源收集信息（15分）	使用合适的资源收集信息（20分）	和他人进行良好合作，提出建议及合理性的解释，正确使用合适的资源收集信息（25分）	
团体协作（15%）	不合作；不尊重他人（7分）	做了少量贡献，尊重、倾听他人发言（12分）	积极参加讨论，尊重他人（14分）	和他人进行良好合作，积极参与讨论，尊重他人，鼓励他人（15分）	
计划（10%）	不参与（5分）	提供一个建议（8分）	提供不止一个建议（9分）	和他人进行良好合作，提供多种建议（10分）	
过滤系统（25%）	水没有表现出任何不同（10分）	一些微生物被过滤，但是水仍然是浑浊的（适合植物使用）（15分）	大部分微生物被过滤（适合动物使用）（20分）	水看上去干净很多，大多数微生物被过滤（适合人类使用），但为非饮用水（25分）	
总计				最高得分=100分	

图 4-6　设计污水处理装置的评分标准

动动脑筋思考

"净水大作战——设计一个污水处理装置"的活动流程设计还可以进行哪些优化和改进？

【案例二："星空的召唤——PBL 的望远镜主题教育活动"】

科技场馆作为重要的社会教育场所，对科学教育特别是校外 STEM 教育起着非常重要的宣传和引导作用，承担着提高青少年科学素质的重要任务。大多数的科技馆展品主要分为三类：静态文字型展品、静态模拟类展品和可操作动态展品。调查数据显示，虽然可操作动态展品与静态展品相比更能吸引参观者，但其展示效果也存在以下一些问题：

（1）展品操作过程缺乏详细说明，参观者难以理解、掌握；

（2）展品显示出的现象不明显，原理展示晦涩难懂；

（3）展品背后的人文精神表达不充分。

由于上述因素，并且当前的参观方式比较单一，因此参观者在科技馆参观时"转一圈就走"的现象很普遍。很多参观者把科技馆当成了游乐场，难以进行深层次地学

第4章 STEM 创新教学活动设计

习。因此本案例针对以上不足进行改进,优化教学形式,建立由浅入深的、完整的知识体系,加强科普活动室和展厅展品的联系,改善展品展示的活动效果。

◇ **活动设计开发技术路线**

案例二活动设计的开发技术路线如图 4-7 所示。

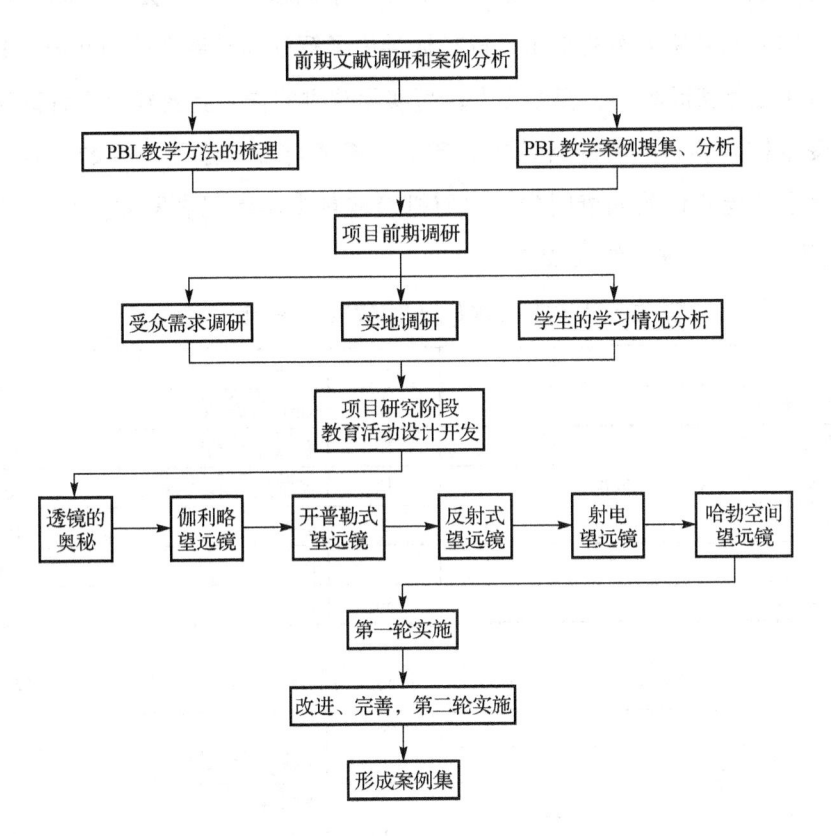

图 4-7 案例二活动设计的开发技术路线

◇ **前期调研设计**

第一阶段:前期文献调研和案例分析

本案例是针对科技馆实施 PBL 的望远镜主题教育活动的设计。PBL 的内涵和特征等内容已经在第 3 章中进行了详细阐述,读者可以翻阅前文进行回顾,在此不再赘述。

第二阶段:项目前期调研

"星空的召唤——PBL 的望远镜主题教育活动"从以下三个方面入手:实地调研、受众需求调研及学生的学习情况分析。

（1）实地调研：到科技馆实地调研，了解目前已有的活动和展品，确定可借鉴或可改进的部分。例如，在中国科学技术馆的航天日活动中，技术馆二层的"探索与发现展厅"和四层的"挑战与未来展厅"都提供了关于望远镜的拼装制作过程。二层的"探索与发现展厅"的活动是哈勃空间望远镜的纸模拼装，旨在让学生了解哈勃空间望远镜对人类观天的贡献，但是纸模制作较复杂，并且实用功能较差。四层的"挑战与未来展厅"的活动是纸质伽利略望远镜的制作，旨在让学生了解伽利略望远镜的知识，其制作相对简便，并且可进行实际观测。相比之下，可实际观测的作品更受到参观者青睐。

（2）受众需求调研：针对科技馆二层的"探索与发现展厅"中的"与星空对话"展品，设计了"受众体验调查问卷"并随机选取青少年参观者发放。回收有效问卷30份，关键题目的数据统计结果如下：

问题一：你想了解关于望远镜的哪些知识？（可多选）

选项	小计	比例
A 望远镜的构造	12	40%
B 望远镜的工作原理	13	43.33%
C 望远镜的发展历史（背后的小故事）	18	60%
D 望远镜对人类的贡献	3	10%
E 其他	1	3.33%
本题有效填写人次	30	

问题二：你想通过什么样的活动形式了解有关望远镜的知识？（可多选）

选项	小计	比例
A 阅读说明书、与展品互动	13	43.33%
B 工作人员讲解	9	30%
C 自己动手制作望远镜	16	53.33%
D 以望远镜为主题的科普剧	12	40%
E 其他	0	0%
本题有效填写人次	30	

由此可知，大多数的青少年群体更倾向于了解望远镜的发展历史，更喜欢自己动手制作望远镜这样的活动形式。

（3）学生的学习情况分析：我们分析了小学科学教材，了解到小学四年级的学生已经接触到了光学相关知识，五、六年级的学生对望远镜和显微镜相关原理已经有了一定的了解。因此，本次教育活动主要面向小学高年级学生，建立由浅入深、完整的知识体系，在科学探究和动手制作过程中深化其对科学知识的理解，掌握科学方法，感悟求真的科学精神。我们整理了小学科学教材的光学知识点，如表4-4所示。

表 4-4 小学科学教材的光学知识点

教材版本	适用年级	与光学相关的教学活动
人教版	四年级（上）	①光沿直线传播验证实验；②光的反射（平面镜反射阳光）；③光的折射（透镜的作用，凸透镜成像规律）；④光与颜色；⑤光的色散；⑥"看不见的光"（红外线、紫外线）
教科版	五年级（上）	①光沿直线传播（"影子游戏"）；②光的反射（平面镜的作用）；③制作潜望镜
教科版	六年级（下）	①观察放大镜；②了解凸透镜；③制作简易的显微镜
苏教版	五年级（上）	①光沿直线传播验证实验；②小孔成像模拟实验；③光的反射（平面镜的作用）；④认识透镜；⑤了解望远镜的构成；⑥光的色散；⑦光与颜色

第三阶段：项目研究阶段，教育活动设计开发

在项目前期调研阶段中，我们已经完成了对科技馆的硬件设施、大众感兴趣的内容和学习方式及学生的先行知识基础和需要掌握的相关知识点等相关内容全面且深入地分析工作，进而对构成该活动的主要内容有了初步了解，这是活动设计开发的重要基础。

◇ 活动主题设计

该活动主要分为两部分内容：第一部分，在科普活动室中进行动手探究实验；第二部分，在展厅中进行基于展品的教育活动。整个活动以望远镜的发展历史为主线开展，结合学习任务单的使用，学生进行科学探究，逐步了解不同类型望远镜的工作原理，并动手制作自己的望远镜。该主题教育活动的课程结构如表 4-4 所示。

表 4-5 "星空的召唤——PBL 的望远镜主题教育活动"的课程结构

课程	序号	活动名称	建议时长
第一部分	1	透镜的奥秘	45min~1h
第一部分	2	探秘伽利略望远镜	45min~1h
第一部分	3	揭秘开普勒式望远镜	45min~1h
第一部分	4	走近反射式望远镜	45min~1h
第二部分	5	人类"天眼"——射电望远镜	45min~1h
第二部分	6	空间天文台——哈勃空间望远镜	45min~1h

该主题教育活动主要融合了 STEM 中的 4 个学科领域，具体情况见表 4-6。

表 4-6 "星空的召唤——PBL 的望远镜主题教育活动"融合 STEM 学科领域的具体情况

领域	描述
科学	通过该主题教育活动，探究望远镜蕴含的科学原理及相关的光学知识，体验科学研究的过程，学会科学研究的方法

续表

领　域	描　述
技术	借助智高光学积木套件，探索组合透镜拼接望远镜的技术
工程	以望远镜的发展历史为脉络，以项目的形式实现从"透镜成像"规律到不同望远镜光学系统的探索
数学	引导学生巧妙采用数学方法和技巧分析透镜的成像规律和望远镜的成像原理，使问题具体化、简单化，加深对所学概念和规律的再认识和再理解，进一步提高学生综合分析、解决问题的能力

"星空的召唤——PBL 的望远镜主题教育活动"详细介绍了活动内容设计的全过程。基于科技馆内的展厅参观效果和科技馆教育活动现状的调研，对活动内容的整体框架和技术路线进行设计。针对小学科学教材的分析，以望远镜的发展历史为主线开发面向小学高年级学生的科学探究活动，建立由浅入深的完整知识体系。

◇ **活动实施流程设计**

对于 PBL 的望远镜主题教育活动，老师按照表 4-7 的流程组织活动的开展。

表 4-7 "星空的召唤——PBL 的望远镜主题教育"的活动流程

流　程	描　述
项目导入	老师从项目故事情境引入本次活动的主题
制定计划	学生分组制定计划，列出可能的实践方案
活动探究	学生小组根据活动计划进行探究、验证方案
作品制作	学生小组根据自己的探究结果总结得出研究报告
成果交流	学生小组汇报探究结论，分享成功和失败的经验
总结评价	学生根据各组望远镜的结构进行总结，评价以学习任务单和问卷调查的形式开展

（1）项目导入。STEM 的活动设计强调真实性与情境性，摒弃"直陈式"的灌输学习，因此我们必须在活动设计中通过提出多个学习主题及营造符合历史背景的学习情境来对知识整体呈现，让学生在充满趣味和探究的氛围中更加主动和深入地学习科学知识。

项目导入可以通过带领学生从荷兰小镇开始，重走望远镜发明的道路，将一步步实现观测宇宙作为贯穿项目全过程的故事情境，通过电影片段、讲述科学家的故事及参观展品等方式创造情境并引入项目主题。主题名称及创设情境见表 4-8。

表 4-8 "星空的召唤——PBL 的望远镜主题教育活动"的主题名称及情境创设

主题名称	情境创设
透镜的奥秘	回到荷兰小镇，眼镜店主人手中的两块镜片有什么玄机？通过探究实验，让学生认识凸透镜和凹透镜的成像特点

续表

主题名称	情境创设
探秘伽利略望远镜	意大利天文学家、物理学家伽利略于1609年发明了人类历史上第一台天文望远镜，开辟了天文学的新时代。那么他又是怎么做到的呢？"化身伽利略，发明望远镜"，让学生回到伽利略时代，探究如何制作望远镜，体验科学家的研究过程，在动手做中学习伽利略望远镜的科学原理，了解科学研究的方法，培养科学精神
揭秘开普勒式望远镜	德国科学家约翰内斯·开普勒于1611年发明了开普勒式望远镜，几乎所有的折射式天文望远镜的光学系统均为开普勒式，它为何影响如此之大？揭秘开普勒式望远镜，让学生动手制作开普勒式望远镜，将其成像效果与伽利略望远镜做对比，深入了解折射式望远镜
走进反射式望远镜	第一架反射式望远镜诞生于1668年，在牛顿经过多次磨制非球面的透镜均宣告失败后，他决定采用球面反射镜作为主镜，用反射镜代替折射镜成为一个巨大的成功。让学生探究制作牛顿反射式望远镜，并进一步感受在望远镜的发展过程中观测效果的变化，进一步感知科技为生活带来的改变
人类"天眼"——射电望远镜	"天眼"是投资7.3亿元人民币，世界迄今最大单口径射电望远镜FAST工程，该工程在中国贵州启动。走进射电望远镜时代让学生在已有活动的基础上，与展品互动，认识射电望远镜，比较其与反射式望远镜原理的异同，并进行深入认知
空间天文台——哈勃空间望远镜	从荷兰小镇一路走来到哈勃空间望远镜，与展品互动，了解哈勃空间望远镜的工作原理，以及其维护、改进的方法。经过一系列的活动，使学生形成对望远镜"家族"的系统认识，感受科技的发展对生活的影响，从科学探究中学会科学方法，塑造科学精神

（2）制定计划。明确项目具体要求，制定活动计划，设计透镜实验探究方案或光学积木组装方案，可以是多种方案。在思考时，要考虑多种可能性，同时体会科学家在进行科学研究时的所思所想。明确小组分工，及时交流、探讨。

（3）活动探究。根据小组制定的计划进行活动，要注意的是，学生应先了解实验材料的操作方法与注意事项，在活动时可以根据具体情况修改项目方案。老师可以在活动中对学生小组提出进一步探究的问题。

（4）作品制作。学生小组在实验探究或将光学积木组装后得出结论，总结反思自己的结论与方案，制作研究报告。

（5）成果交流。学生小组汇报探究结论，分享成功和失败经验，共同总结得出最佳组合方案。学生小组间可以相互交流并提出建议或质疑。

（6）总结评价。以学习任务单和问卷调查的形式对学生进行评价。学习任务单记录了学生在探究活动中的过程性表现，问卷内容包括学生学习的效果测试、学生参加活动后的感受及学生对活动的评价和建议。

接下来，我们将以"星空的召唤——PBL望远镜主题教育活动"中的探秘伽利略望远镜和揭秘开普勒式望远镜为例,具体呈现如何进行这两个活动的活动设计,我们也将在本书附上完整的教案供读者参考,详见附录1。

动动脑筋思考

"星空的召唤——PBL 的望远镜主题教育活动"的教学实施流程还可以做怎样的优化和改进?

活动展示:探秘伽利略望远镜

✧ 项目导入

在前面的活动中我们已经知道了1608年荷兰小镇的眼镜师发现了望远镜的秘密,于是众多科学家纷纷开始研究望远镜。那么,接下来望远镜会有怎样的发展呢?

1609年5月,正在威尼斯做学术访问的伽利略偶然间听到一则消息:荷兰有人发明了一种能望见远景的"幻镜",这使他怦然心动,他匆匆结束行程,回到学校,一头钻进了实验室。不到3个月的时间,这位45岁的教授已经仿造出了两架仪器,更不同寻常的是,他把这个仪器指向了星空!

伽利略把望远镜指向月球,看见月球表面是坑坑洼洼的,表面布满了环形山。在地球附近,有一个与之相仿的世界,这无疑降低了地球在宇宙中的特殊地位。他又将望远镜指向了太阳,看见了偶尔出现的"黑斑"——太阳黑子,日复一日地从太阳东边边缘移向西边边缘。这就清楚地告诉人们,巨大的太阳在不停地自转,那么,远比太阳小得多的地球也在自转,这还有什么可大惊小怪的呢?伽利略从望远镜中看到,银河原来是由密密麻麻的大片恒星聚集在一起而形成的,并且他还看见了前人从未见过的大量比六等星更暗的星星。看来,宇宙远比任何前人可能想到的结构都更加浩瀚和复杂,也说明了古希腊天文学家并不通晓有关宇宙的全部知识,所以人们不应盲目地接受古希腊人的地心宇宙体系。

接着,伽利略又把他的望远镜指向行星。1610年1月,他从望远镜中看到木星附近有4个光点,它们的位置在木星两侧夜复一夜地来回移动,但总是大致位于一条直线上,并且始终离木星不远。伽利略断定,这些小亮点都在稳定地环绕木星转动,犹如月球绕着地球转动一样,这便是木星的4颗卫星。后来的很多天文学知识的发现都得益于伽利略望远镜,因此1609年也成为近代天文学的起点。项目导入的情景如图4-8所示。

第 4 章
STEM 创新教学活动设计

图 4-8 项目导入的情景

◇ **制定计划**

让学生比较凸透镜的异同，将 300 R，170 R，40 R 三种凸透镜进行比较，寻找它们的区别，进而使学生熟悉这几种镜片。根据不同镜片的特点，学生分组制定计划，研究要怎样组合透镜才能制作出望远镜，并且列出几种不同的制作方案（可能是不同曲率半径的凹透镜和凸透镜组合）。

◇ **活动探究**

学生根据自己小组制定的方案，使用智高光学积木套材组装望远镜，并验证制作方案是否有效，比较成像情况，得到可行方案。学生探究活动的过程如图 4-9 所示。

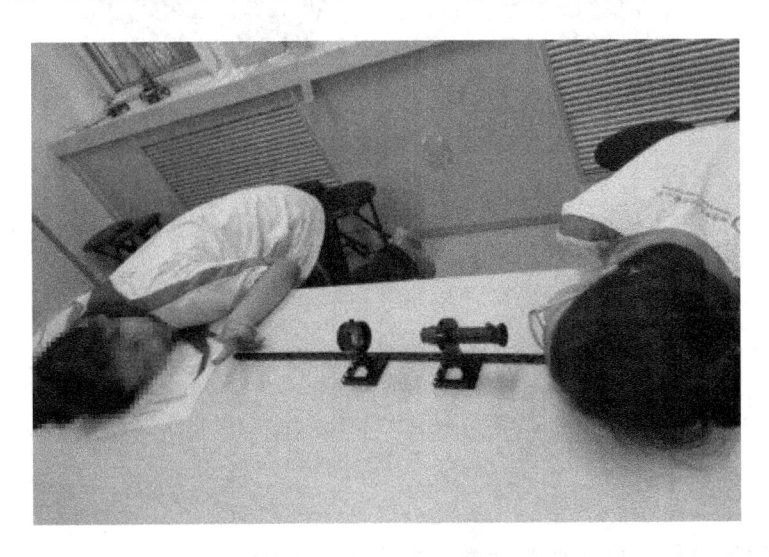

图 4-9 学生探究活动的过程

◆ **作品制作**

学生通过探究实验了解伽利略望远镜的构造、成像原理和成像特点。将自己得出的最终方案与实验结论制作成报告。学生拼装望远镜的过程和调试望远镜的过程如图 4-10 和图 4-11 所示。

图 4-10 学生拼装望远镜的过程

图 4-11 学生调试望远镜的过程

◆ **成果交流**

汇报并交流小组的探究结论，分享成功和失败经验，共同总结得出什么样的透镜组合方案可以实现望远镜的制作。

◆ **总结评价**

老师通过学习任务单和调查问卷对学生进行评价。

学习任务单

探秘"伽利略望远镜"

小组名称：_____

你知道吗？300 R，170 R，40 R 三种凸透镜的异同

➢ 用手触摸凸透镜，并按厚度对其排序。

➢ 寻找光斑，并按焦距对其排序。

➢ 方案设计

_____透镜作为物镜，_____透镜作为目镜。

镜片组合方案		成像效果		
凸透镜	凹透镜	放大效果	视野大小	成像特点（正立/倒立）
300 R	40 R			
170 R				
40 R				

结论：

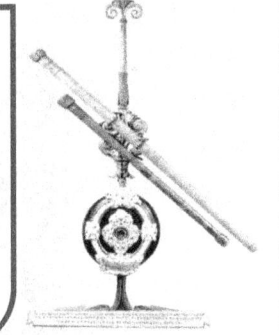

活动展示：揭秘开普勒式望远镜

◇ 项目导入

在伽利略制造出伽利略望远镜后，不久，德国天文学家约翰内斯·开普勒于 1611 年发明了开普勒式望远镜。开普勒用新的望远镜观测天文现象，将第谷观测到的 777 颗恒星扩展为 1005 颗，在整理资料时发现了行星运动的三大规律。我们知道，在相

当长的时间里,人们都信奉托勒密的"地心说",哥白尼的"日心说"并没有使人信服。直到1609年,伽利略发明了天文望远镜,并以此发现了一些可以支持"日心说"的新的天文现象("木卫体系"的发现直接说明了地球不是唯一中心,金星"满盈"的发现也暴露了托勒密体系的错误)后,"日心说"才逐渐引起人们的关注。然而,由于哥白尼的"日心说"所得的数据和托勒密体系的数据都不能与第谷的观测结果相吻合,因此"日心说"此时仍不具优势。直至开普勒三大定律的提出,以椭圆轨道取代圆形轨道修正了"日心说"后,"日心说"在与"地心说"的竞争中才取得了真正的胜利。

现在几乎所有的折射式天文望远镜的光学系统均为开普勒式。为何它的影响如此大而又受到如此青睐呢?它与伽利略望远镜又有哪些不同呢?我们来一起认识开普勒式望远镜。

通过讲述开普勒发明望远镜的故事,让学生了解望远镜的发展及其带来的重大天文发现和对科学的贡献。

大家在上一节中已经深入了解了伽利略望远镜,我们知道伽利略望远镜是由一块凸透镜和一块凹透镜构成的,那么如果把两块镜片都换成凸透镜会怎么样呢?项目导入的情景如图4-12所示。

图 4-12 项目导入的情景

◇ **制定计划**

学生分组制定计划,探究怎样组合透镜才能制作出望远镜,列出几种制作方案(可能是不同曲率半径的凸透镜和凸透镜的组合)。

◇ **活动探究**

分发智高光学积木套材,让学生验证制作方案,比较成像情况,得到可行方案。老师进一步提问,如果多个镜片叠加使用那么会怎么样呢?学生探究活动的过程如图 4-13 和图 4-14 所示。

图 4-13　学生探究活动的过程(1) 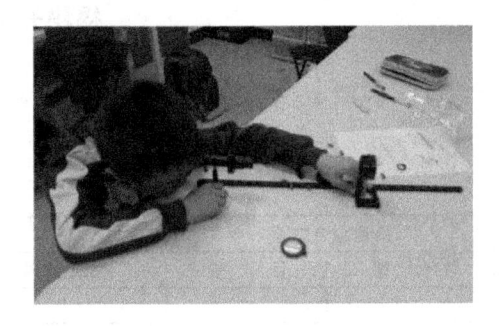　　　图 4-14　学生探究活动的过程(2)

◇ **作品制作**

学生通过探究实验了解开普勒式望远镜的构造、成像原理和成像特点。将自己得出的最终方案与实验结论制作成报告。学生拼装望远镜的过程如图 4-15 所示。

图 4-15　学生拼装望远镜的过程

◇ **成果交流**

汇报并交流小组的探究结论,分享成功和失败经验,共同总结得出什么样的透镜组合方案可以实现望远镜的制作。

◇ **总结评价**

老师通过学习任务单和调查问卷对学生进行评价。

◇ **学习任务单**

揭秘开普勒式望远镜

➢ 方案设计

镜片组合方案		成像效果		
物　镜	目　镜	放大效果	视野大小	成像特点（正立/倒立）

通过以上探究活动，你有什么发现？写出你们小组的结论，再与其他组的小伙伴们分享一下吧！

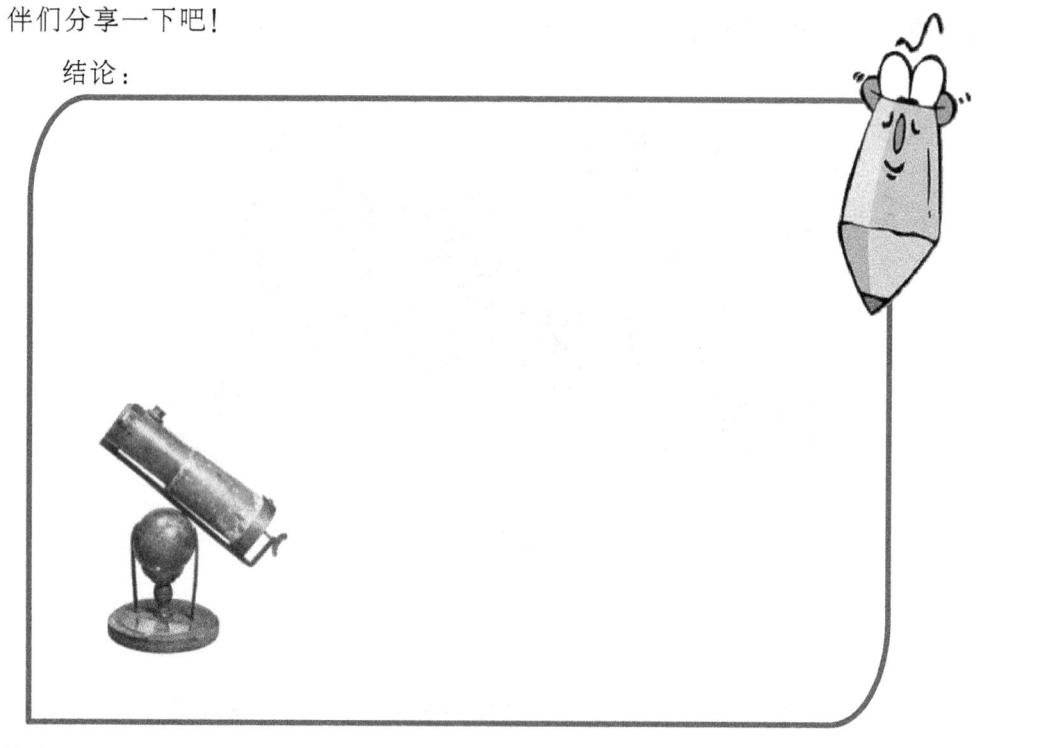

结论：

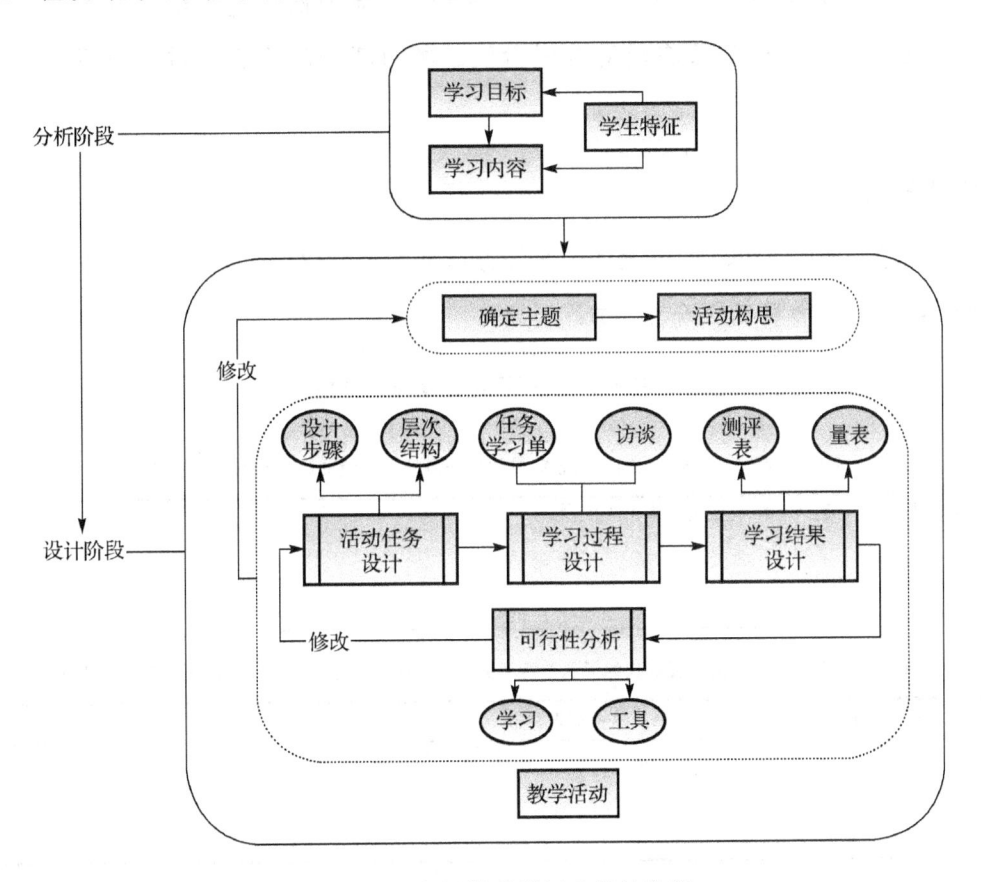

4.2 工程设计教学活动设计

工程设计教学活动设计流程

在上一章的工程设计教学模式的学习中，我们已经明确了工程设计的过程。接下来，我们根据工程设计教学模式并按照一定的流程来设计和开发具体的 STEM 教学活动，以保证工程设计的过程能够科学地整合到"教与学"的活动中来，如图 4-10 所示。

图 4-16　工程设计教学活动设计流程

◇ 分析阶段

分析阶段主要是根据课程标准对学习目标和学习内容进行具体分析，结合中小学生的认知特点和认知水平对知识内容的重点和难点进行把握。

◇ **设计阶段**

问题设计和活动构思是衔接前期分析与活动设计的关键环节。工程设计主要是以真实生活为题材,因此问题设计应当通过创设情境将学习内容有序地组织起来。问题设计采用"洋葱式"的设计方式,即问题的解决就像剥洋葱一样,一层一层地剥开,然后逐层深入。

工程设计对问题的设计非常重要,因此问题的设计必须要有情境作为支撑。进行问题设计是希望能够通过问题及借助工程设计来引导学生一步一步地进行学习,并且以情境问题的方式激发学生的好奇心和学习动机,同时也为活动设计做准备。在问题设计的基础上,构思学习活动。活动构思是对学习过程的初步设计,对活动的详细设计放在活动分析阶段。学习活动的构思反过来也可以优化问题设计。

◇ **学习任务单**

在学习过程中,可以通过设计学习任务单来引导学生一步步地进行工程设计的科学学习,学习任务单如表4-9所示。

表4-9 工程设计的学习任务单

1. 在这次任务中,我知道要解决的问题或者完成的任务是什么。我能把它清楚地写出来。

描述问题的格式: <u>谁</u> 需要 <u>什么</u>, 因为 <u>原因</u>。

2. 我能联系实际生活,对上面要解决的问题进行研究。我能进一步分析问题并把问题清楚地写出来或画出来。

我知道其他人是通过什么途径或方法解决这个问题的	
(写)	(画)

3. 我能想到很多其他可以解决这个问题的方法,并能把我想到的所有方法写出来或画出来。

我自己想到很多其他可以解决问题的方法	
(写)	(画)

续表

4．我能仔细分析这些方法，确定哪种方法最好。我能把我的要求和想到的方法填到表格里，并结合要求对每种方法进行评分（2=完全满足要求，1=满足部分要求，0=不满足要求），最后选出最优的解决方法。要求：简洁性（设计是否简单巧妙，有独创性）；健壮性（设计是否稳固，能复原且不易失败）；美观性（设计是否好看）；时间性（是否有足够的时间实施并修改）；技术性（是否能利用相关技术实现）。

设计和要求	设计1	设计2	设计3	设计4
要求1				
……	……	……	……	……
总分				

动动脑筋思考

根据本节内容，思考如何进行工程类教学活动的设计？

工程设计教学活动设计案例

接下来，我们将分别呈现两个工程设计教学活动设计的代表案例，第一个STEM教学活动是由我们团队开发并实施的面向创客教育的"基于Arduino的智能社区"；第二个STEM教学活动是由美国杜克大学普拉特工程学院开发的面向土木工程教育的"Building towards the Future"。

【案例一：基于Arduino的智能社区】

Arduino作为一种相对简单、开放的创客工具，越来越受到创客们的关注。Arduino最初是为嵌入式开发学习而生的，但发展到今天已经远远超出了嵌入式开发的领域。我国的Arduino更多的还是作为一种嵌入式学习和开发工具出现，但是它的魅力绝不仅仅如此，它完全可以作为一种新"玩具"，甚至作为新的艺术载体。在一些比较发达的地区，Arduino也逐渐走进中小学教学课程中。

"基于Arduino的智能社区"活动融合了自动化控制技术、计算机网络于一体的控制系统，在传感器的基础上实现智能化社区的设计与开发。该活动从基础到实践，利用图形化开发环境，从点亮一个LED灯开始，在真正理解编程思维的同时提高了学生的动手能力，使学生在每个作品的项目式训练中不断提高编程技能，夯实基础，并学会编程，让学生能够利用所学知识去创设自己心中的智能社区。

❖ 认识 Arduino 这位新人

1. 开源硬件（Open Source Hardware）的流行

随着科学技术的不断提高，使得创客得以透过互联网和共同体活动空间整合资源与服务，将有一定技术挑战的创意转变为现实产品。他们的兴趣主要集中在电子、机械、机器人、3D 打印等主题上，善于挖掘新技术、鼓励创新，注重在实践中学习新知识，并创造性地加以使用，他们是知行合一的忠实实践者。在创客领域中，开源硬件是十分重要的开发工具，它支持创客的创新与发展。同时，创客的需求也推动了开源硬件的更新与发展。

随着开源理念的流行，不仅开源软件不断丰富，而且开源硬件的开发与使用也流行起来。开源硬件是指与自由及开放原始码软件相同方式设计的计算机和电子硬件。开源软件设计者通常会公布详细的硬件设计资料，如机械图、电路图、物料清单、PCB 版图、HDL 源码、IC 版图及驱动开源硬件的软件开发工具包等。

2. 创客运动的兴起

创客运动的兴起与传播也带动教育人士把创客引入到校园中，促进创客教育的发展。创客教育秉承着设计、制作、分享、交流和开源的创客文化，学生利用简单、易用的数字技术（如开源硬件等），自己动手设计、制作作品，即把创意转变为现实作品。在蓬勃发展的创客教育中，目前较为常见的开源硬件开发平台有 Arduino、BeagleBoard、树莓派、pcDuino 和 Edison 等，其中 Arduino 是最常见的一款开源平台。

3. Arduino 的诞生

Arduino 是由意大利老师马西莫·班兹和西班牙晶片工程师大卫·夸铁于 2005 年共同设计开发的。班兹的学生经常抱怨找不到便宜好用的微控制器，大卫当时在班兹所在的学校做访问学者，于是班兹和大卫在讨论后决定设计属于自己的电路板，并让班兹的学生大卫·梅利斯为电路板设计编程语言。他们将这块电路板命名为 Arduino。随后三人采用 Creative Commons（CC）的授权方式将设计图放到了互联网上，允许任何人在不支付任何费用或者不用取得 Arduino 团队的许可的情况下生产电路板的复制品，甚至重新设计和销售原设计的复制品。但是如果重新发布了引用设计，那么必须声明该设计是原始 Arduino 团队的贡献；如果修改了电路板，那么最新设计必须使用相同或类似的 Creative Commons 的授权方式，以保证新版的 Arduino 电路板也是开源的。

Arduino 发展至今，包含了各种型号的 Arduino 版本（常见的型号是 Arduino UNO）和各种硬件、传感器的扩展版，软件开发工具是类似 Java、C 语言的开发环境（Arduino IDE）。为了降低学生使用 Arduino 进行开发的难度，上海"新车间"的创客何琪辰编写了 ArduBlaock 可视化编程插件，北京师范大学傅骞老师团队开发了 Mixly（米思琪）编程软件，使学生能够进行图形化界面的编程。

◇ STEM 与创客教育

创客理念以一系列创新动手技能训练的综合课程形式被引入到中小学中，主要是为了解决中小学教育体制中创新能力培养不足等问题，希望学生通过自己动手创造作品进而获得启示。

STEM 教育也正在中小学教育中大力推进，STEM 教育避免学生被单一学科的知识体系所束缚，促进学生能跨学科融合知识，鼓励学生跨学科解决问题。科学、技术、工程、数学的相互结合，有助于提升学生的综合能力。由此可以看出，STEM 教育与创客教育异曲同工，有学者对二者的异同进行了梳理，如表 4-10 所示。

表 4-10　STEM 教育与创客教育的异同

比较维度	STEM 教育（或 STEAM 教育）	创客教育
主要来源	教育系统发起，社会参与	社会文化引起，教育参与
是否需要引入社会参与	需要	需要
是否跨学科	强调跨学科	创作过程经常需要跨学科
是否解决真实情境的问题	解决真实情境的问题，多数来自老师预设	解决真实情境问题，学生自己发现问题
学生是否要有产出	并非必须	一定要有
是否需要使用数字化工具	并非必须	大部分情况下需要
主要培养的素养、品质	跨学科的思维能力，解决问题的综合能力	独立的创造思维，解决问题的综合能力
老师扮演的角色	设计者、组织者、讲授者、引导者	支持者
学生扮演的角色	参与者	创造者

也有学者认为，创客的作品可以是很好的 STEM 教育案例。在 STEM 教育的推进过程中，工程教育一直都是比较薄弱的领域，而创客教育恰好是符合工程思想的教育，创客教育与 STEM 教育的融合不断鼓励和培养在创作中综合运用多个学科知识的能力，并在综合运用中形成很多新奇的想法，创造出更好的作品，更有利于培养学生的创新能力、综合设计能力和动手实践能力。由此可以看出，创客教育能够很好地融入到 STEM 教育中去，并作为 STEM 教育的重要分支。

Arduino 作为创客教育中最常见的开源硬件平台在我国校园中正不断地普及，关于 Arduino 等的活动或课程也在广大老师与创客教育推广者的努力实践中从课外兴趣小组这类非正式学习逐渐向正规学习转变。其中，广为人知的有温州中学谢作如老师的"Arduino 创意机器人"课程。接下来，我们将详细展示由本研究团队设计并实施的基于 Arduino 的活动。

◇ 学情分析

本活动面向七～九年级的中学生，这个阶段的学生已经开始接触代数、几何、物理等学科，并且对数形对应、声光电控制等内容有了初步了解，并且充满着好奇心和强烈的动手操作的意愿。

◇ 活动主题设计

对"基于 Arduino 的智能社区"设计的 8 次活动，如表 4-11 所示。

表 4-11　对"基于 Arduino 的智能社区"设计的 8 次活动

序　号	活动名称	建议时长
1	初识 Arduino 机器人	45min～1h
2	感知外部信息 1	45min～1h
3	感知外部信息 2	45min～1h
4	马达的转动	45min～1h
5	我的智能小车	45min～1h
6	智能起重机	45min～1h
7	简单机械结构——齿轮与传动	45min～1h
8	DIY 能力大赛	45min～1h

"基于 Arduino 的智能社区"活动主要融合了 STEM 中的一些学科领域，如表 4-12 所示。

表 4-12　"基于 Arduino 的智能社区"活动主要融合 STEM 中的一些学科领域

领　域	描　述
科学	通过 Arduino 传感器技术完成智能社区各项数据的采集，通过结果分析进一步探究如串并联电路控制 LED 灯等各种现象中所包含的科学原理
技术	借助 Arduino 图形化编程环境，通过程序的编写和调试，在电路板上实现控制小灯的闪烁、光强的测量、电动机的转动
工程	智能社区各个功能之间恰当配合，实现从智能社区的整体设计到局部细节的流程进行合理规划
数学	在 Arduino 图形化编程软件中提供了丰富的数学公式，通过比较大小及逻辑运算等数学公式的应用，提升数学素养

Arduino 与传感器的结合可以应用于物理、化学、生物和通用技术等学科。Arduino

用于科学可以认识串/并联电路、二极管、三极管、各类传感器特性、pH 值测量等演示。在传感器的基础上添加机电结合，适用于 DIY 数字化实验系统、学习单片机开发、制作简易机器人、开发智能服装、开发智能家庭监控系统等。在活动过程中设计以科学（物理科学概念、机械组件等）先行，逐次加入科技（计划和创建的工作模式、系统、回馈等）、工程（构建、编程和测试模型、创造性等）和数学（估算、计算、分析改变）等，从而实现 STEM 综合实践活动。

◆ 活动流程设计

对于基于 Arduino 教学活动，老师按照相关流程组织活动的开展，见表 4-13。

表 4-13　基于 Arduino 教学活动的流程

流　　程	描　　述
创设情境	老师从实际生活入手，引入本次活动的主题
硬件介绍	老师向学生介绍未接触过并且可能需要用到的 Arduino 模块的功能及用法（按需求选择是否体现该步骤）
发布问题	老师发布真实情境中的问题
设计方案	学生在提供的学习任务单上选择需要的零件，画出自己的设计方案
完成作品	学生根据上面步骤的设计方案，连接线路，编写程序，完成作品
进阶训练	老师发布难度更大的问题
知识总结	学生完成学习任务单上的知识练习，总结此次活动

（1）创设情境。在创设情境上，老师需要从学生的实际生活中进行引入，学生从自己熟悉的实物/事物开始探索，这样能够激发学生的兴趣，吸引学生的注意力。

（2）硬件介绍。在硬件介绍上，由于本活动的活动对象是第一次接触 Arduino 的学生，对于 Arduino 包含的各类硬件的功能与用法都缺乏了解，因此需要老师在这个环节为学生讲解硬件的功能及如何使用相应的硬件。

（3）发布问题。在发布问题上，老师需要根据学生的具体学习情况设置问题，问题来自学生的实际生活，这类问题往往更能激发学生解决问题的兴趣。

（4）设计方案。当学生设计方案时，首先需要学生自行选择解决问题所需的硬件，然后在学习任务单上画出自己的设计方案，主要包括 Arduino 的线路连接、作品模型的整体结构及 Arduino 硬件与积木模型的连接等。

（5）完成作品。学生需要根据自己的设计方案完成作品的所有搭建工作与线路连接，并且编写程序来完成作品。学生在完成作品时，允许学生返回到上一步来修改设计方案。

(6) 进阶训练。在大家完成作品后，老师可以在之前发布的问题的基础上进一步提高难度让学生继续创作，也可以重新发布一个问题，让学生根据新的要求重新创作。

(7) 知识总结。在活动结束前，学生需要完成学习任务单上的练习题，回顾在本次活动中学到的知识，并进行知识总结。

动动脑筋思考

"基于 Arduino 的智能社区"的教学活动设计流程可以进行哪些改进和优化？

活动展示：马达的转动

❖ 创设情境

我们基于 STEM 教育理念设计了 8 次 Arduino 机器人系列活动，分别是"初识 Arduino 机器人""感知外部信息 1""感知外部信息 2""马达的转动""我的 Arduino 智能小车""智能起重机""简单机械结构——齿轮与传动""DIY 能力大赛"。其中"马达的转动"是第 4 次活动，在前 3 次活动中我们学习了多种传感器，它们可以感知来自外部不同渠道（声音、光线、压力、pH 酸碱度等）的信息，借助 UNO 板和程序命令来控制 LED 灯。但是这些仅仅是简单地用数字传感器和模拟传感器来控制 LED 灯。其实，大家最感兴趣的还是如何让机器人动起来。看到自己制作的机器人可以移动、可以做预期的动作将是一件多么有成就感的事情。这里，我们就要提到机器人的动力来源——马达。其实，在我们日常使用的家电和机器中，马达无处不在，如电风扇、洗衣机、电动车、电梯等。我们只要借助马达来提供动力，再通过积木块与齿轮的组装与传动，就可以设计出会动的机器人。

❖ 硬件介绍

(1) 认识马达。马达又称电机，是机器人的驱动装置。直流电机是将直流电能转换成机械能的装置，它是目前应用最广泛的一种机器人驱动器件，具有效率高、调速性能好、起动转矩大等特点。直流电机应用磁感应原理将电能转换为机械能，在磁场中放入通有电流的导体就会产生磁感应效应。

如图 4-17 所示，RoMeo 板上有两个马达接线柱 M1 和 M2。速度值在 0～255 范围内表示马达正向转动，速度值在 –255～0 范围内表示马达反向转动。图形编程结构如图 4-17 所示。

图 4-17　RoMeo 板、M1 和 M2 马达接线柱及其图形编程结构

（2）认识舵机。舵机又称伺服电机，其工作原理是把所接收到的电信号转换成电动机轴上的角位移或角速度输出，目前被广泛应用于机器人控制领域中。本书用到的舵机是 TowerPro 出品的 SG90 舵机，如图 4-18 所示。该舵机采用高强度 ABS 透明外壳配以内部高精度尼龙齿轮组，加上精准的控制电路和轻量化空心杯电机使该微型舵机的重量只有 9 g，而输出力矩能达到 1.8 kg·cm。标准的舵机有三条控制线，分别是电源线、接地线和信号线。舵机的针脚定义为：棕色线——接地线（GND），红色线——电源线（5V），橙色线——信号线，其图形编程结构如图 4-18 所示。

图 4-18　SG90 舵机及其图形编程结构

舵机的控制一般需要不断地给它发送 1~2ms 的高电平脉冲信号和 5~20 ms 的低电平脉冲信号。Arduino 板上支持舵机连接的只有数字口 9 和数字口 10，因此舵机橙色线只能连接数字口 9 或数字口 10。SG90 舵机转动角度为 0~180°。

✧ 发布问题

你见过如图 4-19 所示的电动道闸系统吗？它是专门用于道路上限制机动车行驶的通

道出入口管理设备，现在被广泛应用于公路收费站、停车场、小区、企事业单位来管理车辆的出入。电动道闸系统可单独通过遥控实现起落杆，也可以通过停车场管理系统（即IC刷卡管理系统）实现自动管理。根据电动道闸系统的使用场所，其闸杆可分为直杆、90°曲杆、180°折杆及栅栏等。下面，我们就用之前所学的知识来完成电动道闸系统的设计。

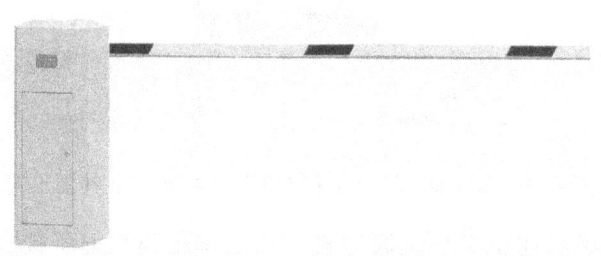

图 4-19　电动道闸系统

◇ **设计方案与完成作品**

学生在学习任务单上画出设计方案，如图 4-20 所示并完成作品创作。学生编写的图形编程结构如图 4-21 所示。

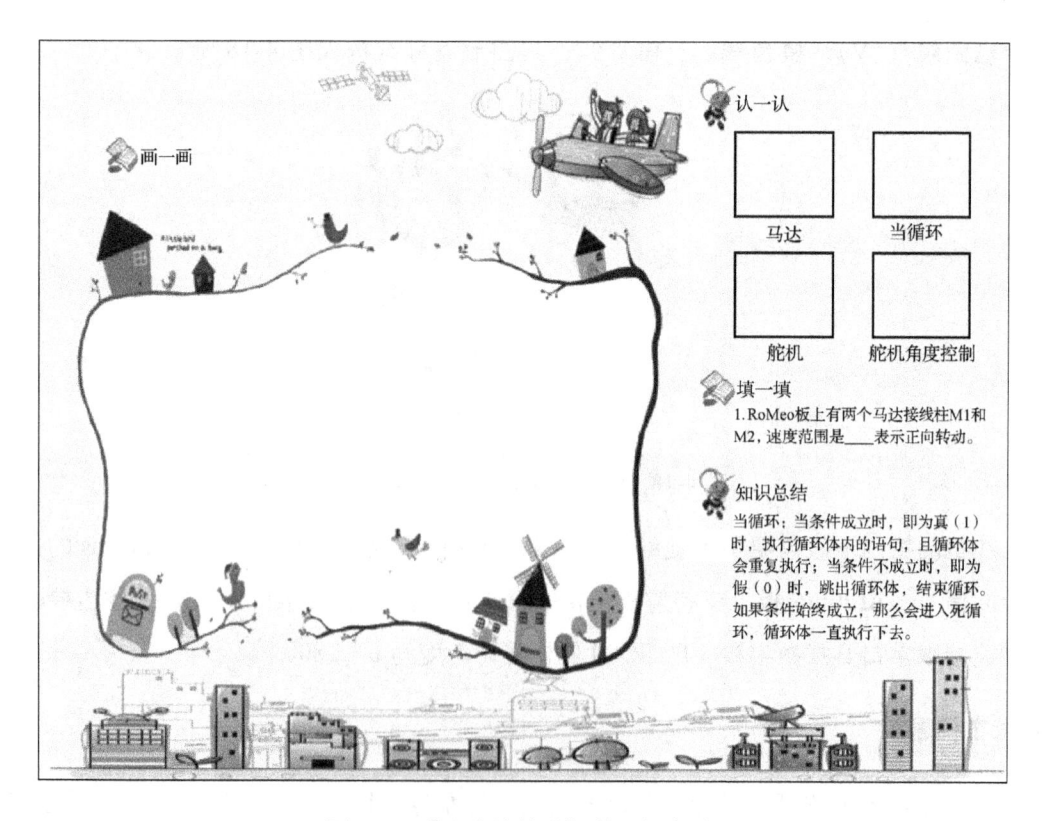

图 4-20　"马达的转动"学习任务单

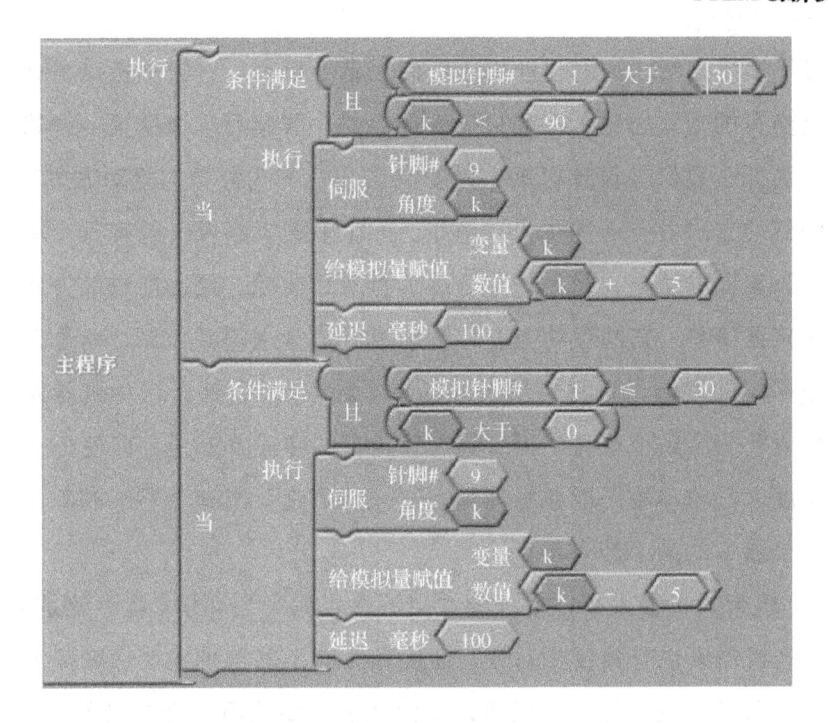

图 4-21 学生编写的图形编程结构

❖ **进阶训练**

你们家有电动车吗？你知道电动车的车轮是怎么转动的吗？车轮的转动通过链条连接中间的齿轮和后车轮，然后由马达控制中间齿轮的转动来带动后轮转动。下面让我们一起来制作一辆自己的电动小车吧！

❖ **项目总结**

通过对电动道闸系统和电动小车的动手操作学习，我们明白了如何通过控制两个马达的差速旋转来控制机器的运动，还体会了改变转向转速、直线运动、摆动等多样的运动变化。我们可以进一步思考当双轮驱动升级为四轮驱动时该如何设计？

活动展示：我的 Arduino 智能小车

❖ **创设情境**

机器人的运动借助马达提供旋转动力，角度伺服马达为其提供角度转动惯量。这些旋转动力还要借助传动机械零件来传达。

在学习了如何控制马达的运动后，我们来看看机器人有哪些驱动方式。有的机器人使用多足步行的方式行进，有的机器人能像蛇一样爬行，像壁虎一样攀上墙壁。大家想一想，为什么我们在设计机器人时要有这么多不同种类的驱动方式呢？实际上，这些不同的驱动方式各有各的优点。例如，三轮车式机器人一般有一个马达负责转动两个后轮，为其提供动力，而另一个马达负责转动前轮，控制前进的方向。这样的机器人操控起来很简单，它的运动方向和运动速度能分别得到控制。但是它的缺点也很明显，在不平坦的地方，这种机器人很容易"翻车"。另外，这种机器人是不能原地转弯的，必须有一个最小转弯半径。骑过三轮车的学生都知道，即使把三轮车的车把转到最大角度，三轮车也不能原地转动，它只能"跑"出一个不小的圆，而这个圆的半径，就是机器人的最小转弯半径。

再比如，履带式机器人可以很好地适应不平坦的地面环境，坦克就是最好的例子。但是，履带式机器人也有速度相对慢、速度和方向不能分别控制、摩擦力大及能量损失大的缺点。可见，在平坦的环境中，我们就没必要使用履带式机器人了。

此外，还有五花八门的步行机器人，它们的主要区别在于腿的数目，从双足、四足到六足、八足。这类机器人对地形的适应能力非常强。世界上最先进的四足步行机器人可以翻山越岭、跨越障碍，还可以代替人类执行很多复杂的任务。

总体来说，要根据实际执行任务的环境不同来选择机器人最合适的驱动方式。

◇ **设计方案与完成作品**

通过前面的学习实现 Arduino 智能小车的前进、后退、左转和右转。Arduino 智能小车如图 4-22 所示。实现 Arduino 智能小车的前进、后退和转弯的图形编程结构如图 4-23 所示。

图 4-22　Arduino 智能小车

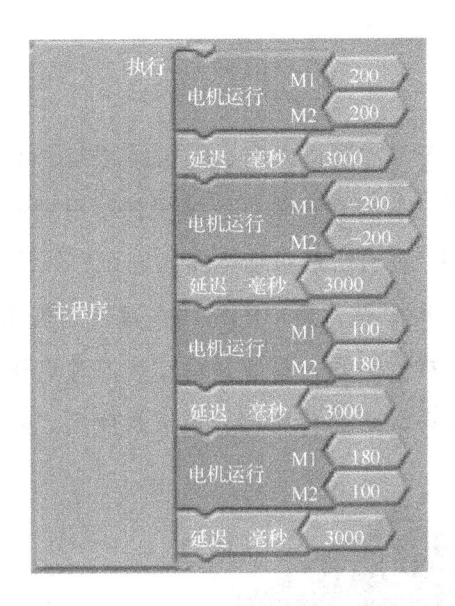

图 4-23 实现 Arduino 智能小车的前进、后退和转弯的图形编程结构

填写 Arduino 智能小车的学习任务单，如图 4-24 所示。

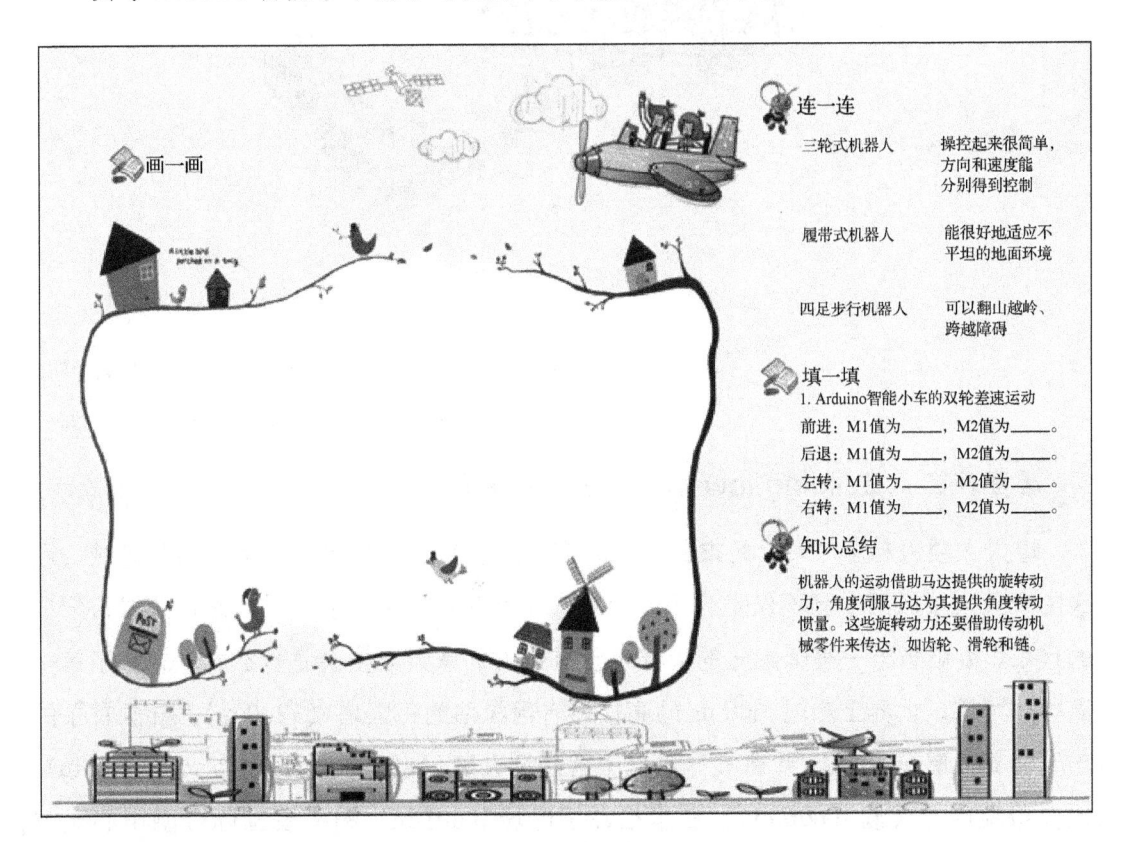

图 4-24 Arduino 智能小车的学习任务单

◇ 进阶训练

假如 Arduino 智能小车参加赛道比赛，那么要怎样设计才能让它自动沿着一条直线前进呢？怎样才能保证它躲避障碍物呢？这里就要用到巡线传感器（见图 4-25）。巡线传感器以稳定的 TTL 输出信号帮助机器人进行白线或者黑线的跟踪（可以检测白背景中的黑线，也可以检测黑背景中的白线；黑色为低电平，白色为高电平）。巡线传感器灵敏度高，抗干扰能力强，普通照明灯基本对它基本没有影响，比普通红外传感器抗干扰能力要强很多。巡线传感器一般成对使用，安装基本在小车的底盘上。

图 4-25 巡线传感器

动动脑筋思考

试分析上述两个活动还能做哪些优化和改进？

【案例二：Building towards the Future】

摩天大楼兴起于 19 世纪末美国纽约市与芝加哥地价昂贵、用地不足的区域。今天的摩天大楼风潮早已不仅是为了利用城市土地来促进商业发展了，它还是城市形象的代表，很难想象一座国际化的大都市没有傲人的摩天大楼会是什么样子。除了第一高楼迪拜塔，世界上超过 600 m 的高楼还有阿拉伯的王国塔（1200 m）、韩国首尔的乐天世界大厦（656 m）、菲律宾马尼拉国营赌场大厦（665 m）、上海中心大厦（632 m）、武汉绿地中心大厦（606 m）、日本松岛国际城（601 m）和平安国际金融中心大厦（600 m）。

此类摩天大楼主题涉及工程与科学的部分内容，其动手项目多、设计内容新颖，学生在活动中既能提高手脑协调能力，又能提高想象力与团队协作能力。

◇ **学情分析**

本内容选取七～九年级学生进行授课，这个阶段的学生对外界新奇事物仍然充满好奇，并且能够独立分析与处理问题。但这个阶段的学生心理稳定性相对较差，抗压能力欠缺，在学习过程中，老师需要及时关注学生心理动态并加以引导。

◇ **活动主题设计**

"Building towards the Future"一共设计了 2 次讲授，并根据 2 次讲授的需要配套了 3 次活动，如表 4-14 所示。

表 4-14 "Building towards the Future"内容的讲授及其配套活动

环节	名称	建议时长
讲授	学习三维坐标系	2 天
活动	学生操作真实的三维坐标系	
讲授	摩天大楼的结构及设计原理	5 天
活动	设计报纸塔——怎样抵御强风	
活动	从设计图纸到验证——设计巴尔萨塔	

"Building towards the Future"主要融合了 STEM 中的 4 个学科领域，见表 4-15。

表 4-15 "Building towards the Future"融合 STEM 中的 4 个学科领域

领域	描述
科学	通过学习三维坐标系来学会与立体空间相关的知识，并且学会怎样设计摩天大楼，在实现设计的过程中，体验动手的乐趣
技术	学习摩天大楼的设计原理与建筑稳定性，学会设计摩天大楼并且能够设计报纸塔与巴尔萨塔模型
工程	通过完成报纸塔与巴尔萨塔的设计来提高动手能力
数学	通过学习三维坐标系与立体结构来学会一定的空间知识，并且掌握距离与空间的关系

◇ **活动实施流程设计**

对于面向土木工程设计的 STEM 活动，老师可以参考表 4-16 中的流程，组织活动的开展。每次讲授或活动的组织环节不一定包含全部流程，流程出现的次序也可以根据课程需要进行灵活调整。

表 4-16 "Building towards the Future"的教学活动流程

流　　程	描　　述
情境导入	老师从实际生活入手，引入本次课程的主题
基础知识介绍/提供材料	老师在引导学生学习三维坐标系与立体空间后，带领学生学习摩天大楼设计原理、讨论较好的摩天大楼的设计方案，并提供材料
发布问题	老师发布真实情境中的问题
设计方案	学生在学习建筑摩天大楼的技术和原则后，设计报纸塔
完成作品	学生根据上面的步骤完成设计方案和报纸塔的搭建
进阶训练	在设计并完成报纸塔搭建的基础上，引导学生完成巴尔萨塔模型的塔建
评价与总结	学生完成学习任务单上的知识练习，评价此次活动，可以附记录表

（1）情境导入：在情境导入上，老师需要从学生的实际生活中进行情境导入，学生从自己熟悉的摩天大楼等实物进行探索，充分激发学生的学习兴趣，集中学生的注意力。

（2）基础知识介绍/提供材料：土木工程是技术含量很高的行业，涉及许多专业知识。老师有必要事先对相关知识进行讲授，并配以适量的练习作为动手实践活动前的热身。老师需要根据活动内容为学生提供充足的材料。

（3）发布问题：在发布问题上，老师需要根据学生的具体学习情况来设置问题，如来自学生实际生活中的报纸塔问题，这类问题往往更能激发学生解决问题的兴趣。

（4）设计方案：当学生设计方案时，首先需要学生自行选择解决问题所需的材料，然后在学习任务单上画出自己的设计方案，包括材料之间的连接和作品模型的整体结构等。

（5）完成作品：学生需要根据自己的设计方案完成作品的所有搭建工作。学生在完成作品的过程中，老师允许学生返回到上一步修改设计方案。

（6）进阶训练：在学生完成报纸塔设计后，老师可以在之前发布的问题的基础上增加完成巴尔萨塔模型设计的要求，从而提高问题的难度让学生继续创作，引导学生重新创作作品。

（7）评价与总结：在活动结束前，学生需要完成学习任务单上的练习题，有时需要在记录表上进行记录。回顾本次活动学到的知识，进行知识总结、同时对照事先设定的评价量表进行效果评价。

在后面的内容中，我们将详细展示"Building towards the Future"中的 2 次讲授及配套的 3 次活动。

动动脑筋思考

"Building towards the Future"的教学活动流程可以做哪些改进和优化？

第 4 章
STEM 创新教学活动设计

活动展示：学习三维坐标系

◆ 创设情境

在光滑的平面（如一张纸或桌面）上，将手指放在一个点上，该如何描述这个点的位置。如果学生在 xy 平面上有经验图表，那么学生可能会发现可以给出该点相对于特定角落的坐标（如超过 5 cm，高达 9 cm）。在此基础上，让学生移动自己的手指，使其停要某个平面上，再问学生如何描述这个点的位置，引导学生更具体地描述该点位置，如"距左侧 5 cm，距下方 9 cm，距上方 6 cm"。

◆ 基础知识介绍

坐标系可以用于空间以外的对象映射。工程师在所有设计中都要使用坐标系描述产品的尺寸。工程师设计零件时，常使用计算机辅助设计（CAD）程序来指定零件上每个点的位置。我们可以通过将 CAD 图纸文件发送到可以解释文件并创建零件的机器上来制造零件。

◆ 发布问题

学生需要在此次活动中了解笛卡儿三维坐标系（如图 4-26 所示），并且利用立体模型获得银河系的大小及附近旋涡星系与仙女座星系的距离。

（1）给定 x，y 和 z 坐标，可以在空间中确定一个点。

（2）对银河系的尺寸大体有一个概念，了解太阳与附近星系的距离。

（3）给定相对于指定坐标系和原点的空间点，可以给出 x，y 和 z 坐标。

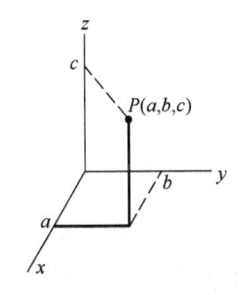

图 4-26　笛卡儿三维坐标系

◇ **学习任务单**

思考银河系与我们相邻星系的立体模型是怎样影响我们对空间距离的判断的？在日常生活中我们可以使用立体模型做什么？想象一下立体图能为工程师的工作带来哪些帮助。太阳在银河系位置的坐标示意图如图 4-27 所示。

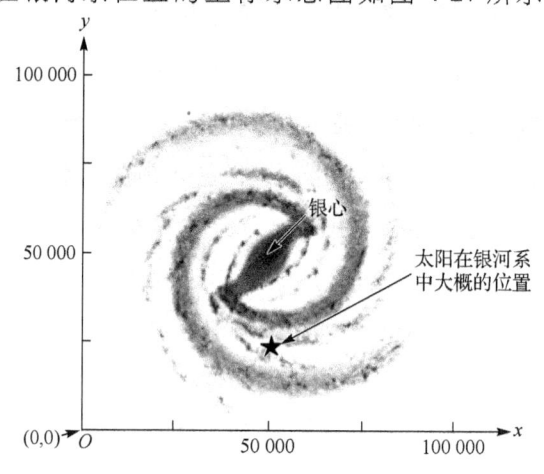

图 4-27　太阳在银河系位置的坐标示意图

问题 1：

假设每个刻度线之间相距 1 cm，在图 4-27 中的 x-y 坐标系中，两个相邻刻度线间表示多少光年？

两个相邻的刻度线=1 cm=（　　　　　）光年。

问题 2：

银河系的中心简称银心，在图 4-27 中，太阳的大约坐标与银心的大约坐标分别是什么？

太阳的坐标（　　　　，　　　　）。

银心的坐标（　　　　，　　　　）。

◇ **评价与总结**

（1）如果学生在没有教师或同伴的帮助下能够很好地确定银河系中天体的位置，那么证明学生能够使用 2D 和 3D 模型来探索银河系的空间尺度和尺寸，以及判断螺旋星系（仙女座星系的坐标位置）。

（2）如果学生在没有教师或同伴的帮助下能够很好地确定空间中任意点的位置，

那么学生已经充分掌握了绘制三维坐标的基础知识。

(3) 根据坐标原点和已知点的坐标，学生能够找到空间中的任意一个点。

(4) 学生应该能够使用坐标来描述给定点在空间中相对于原点的位置。

活动展示：学生操作真实的三维坐标系

◆ 创设情境

本次活动作为讲授课时的延续和补充，不需要额外创设新情境。

◆ 发布问题

学生自制实物三维坐标系并绘制空间点。该实物由轻木条或木制销钉制成，具有三个直角的轴和一个可沿 z 轴上下滑动的平面（xy 平面）。为学生提供几个点的坐标，要求学生在空间中找到这些点。在此基础上，进一步要求学生找到给定尺寸的长方体盒子的顶点坐标或立方体的八个角的坐标。

(1) 根据坐标轴和原点找到空间中的任意一个点；

(2) 使用坐标描述给定点在空间中相对于原点的位置。

◆ 提供材料

(1) 1 m 长的轻木条或木制销钉；

(2) 快速黏合剂（如热胶枪），橡皮泥或高尔夫球大小的黏土标记球；

(3) 美工刀或剪刀；

(4) 记号笔；

(5) 卷尺；

(6) 3 m×3 m 的纸板、泡沫板或海报板。

◆ 完成作品

(1) 将轻木条切成 3 段，每段 0.3 m；

(2) 使用热胶枪或其他黏合剂将三个部件黏合在一起，使三个部件相互垂直，并且在一个点重合，形成三个轴；

(3) 使用标尺和记号笔在三个轴上距原点每隔 3 cm 处进行标记，在每个轴上共标记 10 处。可根据需要为标记编号，1 为离原点最近的标记，而 10 为离原点最远的标记；

（4）使用美工刀或剪刀，将纸板、泡沫板或海报板切成 0.3 m×0.3 m 的正方形，在纸板的一个角落打一个孔，距离边缘大约 1 cm，并且使孔足够大，以便轻木条能够穿过；

（5）该纸板作为 xy 平面，一直向下滑动其中一个轴（z 轴）直到它停在另外两个轴上；

（6）使用卷尺在纸板上绘制 0.3 m×0.3 m 的网格。将网格每隔 3 cm 绘制一次，以便这些网格与 x 轴和 y 轴上的标记相匹配。然后将平面上的轴标记为 x 和 y，数字从 1 到 10（在离开原点时再次计数），这些数字应与 x 轴和 y 轴上的数字相匹配；

（7）上述步骤已经构建了一个带有可移动 xy 平面的三维坐标系。若要找到一个点，则需要先在 xy 平面上找到所需的 x 坐标和 y 坐标（传统的平面图形），然后将整个平面滑动到指定的 z 坐标处。

◇ **进阶训练**

（1）让学生描述比长方体盒子更复杂形状的顶点坐标；

（2）尝试在一张纸上绘制三维坐标系，然后尝试通过在轴上定位点来绘制立方体；

（3）通过将平面从不同的轴向下滑动，将平面 xy 更改为平面 xz 或平面 yz；

（4）为了节省时间和成本，只需构建一组三维坐标系，并将该活动作为课堂案例进行展示。

活动展示：摩天大楼的结构及其设计原理

◇ **创设情境**

引导学生说出自己家乡中最高的摩天大楼，同时将其高度与学生日常生活中的其他物体的长度（如足球场长度）进行比较，并尝试回答以下几个问题。

（1）制作报纸塔，比较摩天大楼的结构，讨论哪种方法是成功的设计方法（如宽基底、深基础和锚固基础、使用三角形和束管结构等）。

（2）为什么限制材料的数量是必要的？实际上，有限的预算是一个方面，不可再生的资源（如钢铁等）是另一些制约因素。

第 4 章
STEM 创新教学活动设计

（3）为什么以这种方式建造纸塔？请说明。（引导学生使用学到的概念和术语进行阐述）。

◆ **基础知识介绍**

老师通过讲解摩天大楼的结构及其设计原理，让学生理解摩天大楼的几种不同的结构，解释建造超高层建筑所面临的困难和挑战。

◆ **设计方案**

报纸塔怎么抵抗风力负荷？对应的设计方法是什么？（解决方案：如使塔架的某些部分支撑大部分载荷/力量；另外，细长的塔架可以使风力具有较小的作用面积）。

◆ **辅助学习**

结合在线学习及在活动课后为学生提供关于摩天大楼的历史及建造原理的学习材料，让学生观察自己所在城镇的建筑物或者自己所在社区内的简单建筑物，并描述这些建筑物的结构特点。图 4-28 为世界第一高楼（迪拜塔）。

图 4-28　世界第一高楼（迪拜塔）

活动展示：设计报纸塔——怎样抵御强风

◆ **创设情境**

学生面临着设计和搭建报纸塔的挑战，学生获得的材料包括报纸、刻度尺、胶带和剪刀等，这些材料的用量是有限制的，与工程师面临的现实问题一致，如经济限制。学生的学习目标是搭建给定高度的稳定的报纸塔，报纸塔必须尽可能高且足够稳定，以抵御强风。

◆ **发布问题**

学生扮演工程师的角色来设计和建造报纸塔。必须特别注意报纸塔的设计要抵御强风，这是学生在建造高层建筑时可能忽略的问题。

◇ **提供材料**

三张报纸、刻度尺、剪刀、胶带（30 cm）。

◇ **完成作品**

将班级学生分成三组，在教室分发剪刀、刻度尺供学生共用，同时为每组提供 30 cm 的胶带和三张报纸。在材料分发完毕后，学生开始制作报纸塔。给每组 20 分钟测试不同的设计方案。

◇ **评价与总结**

测试：测量并记录最终报纸塔的高度，学生与报纸塔保持一定距离，并且吹出强风。另外，确保报纸塔不固定在桌子、地板、墙壁或其他任何家具上。

现象分析：让学生解释报纸塔是如何抵御风负荷的（尽量使用工程术语来描述）。

结果汇报：让学生以小组为单位讨论怎样的设计是不成功的，并解释为什么这么设计。列举出成功与不成功的设计方案。

活动展示：从设计图纸到验证——设计巴尔萨塔

学生使用相关材料并利用平时掌握的知识来建造自己的巴尔萨塔。在整个过程中，老师鼓励学生将自己学习到的结构工程知识应用到实际中。学生扮演工程师的角色，按要求设计巴尔萨塔。通过学生不断地设计、测试和重新设计，最终设计出最高强度的巴尔萨塔。

◇ **创设情境**

本次工程设计的挑战是建立一个结构合理、强度/重量比合适的巴尔萨塔，学生可以尝试各种设计并提出最好的设计方案。

思考"强度/重量比"是什么？（引导学生分析、思考和理解结构可承受的重量与结构本身重量的比为强度/重量比。）

◇ **发布问题**

（1）在纸上绘制出合理的平面设计图；

（2）通过平面设计图搭建出巴尔萨塔的立体结构。

◇ **提供材料**

(1) 大张纸、快干胶；

(2) 轻木条、轻木板；

(3) 测量工具、刀具；

(4) 护目镜、书。

◇ **完成作品**

(1) 老师发放材料、讲义和工具；

(2) 老师解释工具使用规范；

(3) 老师演示如何切割并粘贴两块轻木板；

(4) 老师强调要牢记强度/重量比的概念；

(5) 学生用试验记录表记录数据；

(6) 学生测试巴尔萨塔自身的重量及巴尔萨塔可承受的重量；

(7) 学生计算强度/重量比并绘制工作表。

◇ **进阶训练**

(1) 在使用最少材料的情况下，哪些形状/结构看起来最牢固？

(2) 如果你要告诉某个人如何搭建一座牢固而轻盈的巴尔萨塔，那么你会为他提供哪些指导和建议？

◇ **学习任务单与试验记录表**

(1) 在表 4-17 中，记录巴尔萨塔的自身重量和巴尔萨塔所能承受的重量。

表 4-17　试验记录表

试验/次数	巴尔萨塔的自身重量	巴尔萨塔所能承受的重量

(2) 在如图 4-29 所示的承重记录表中，记录试验中巴尔萨塔不能承受的重量的数据，并画出柱状图。

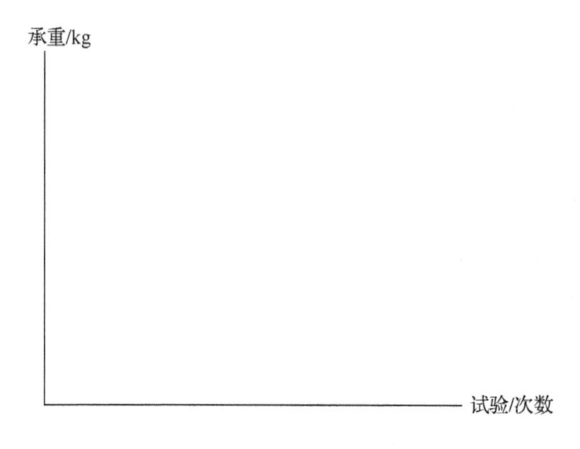

图 4-29　承重记录表

◇ 总结与评价

（1）小组所有成员是否都参与了巴尔萨塔的设计、搭建和测试的全过程。

（2）学生在不成功的设计方案中学到了什么。

（3）进行头脑风暴，协助其他人搭建一座牢固的巴尔萨塔。

（4）老师对学生在活动中的表现进行总结。

4.3　CIL 教学活动设计

CIL 教学活动设计流程

在对第 3 章的 CIL 教学模式的学习中，我们已经明确了 CIL 的过程。接下来，我们根据 CIL 教学模式，按照一定的流程来设计和开发具体的 STEM 教学活动，以保证 CIL 活动设计过程的科学性。CIL 教学活动设计思路可按照如图 4-30 的流程来展开。

◇ 分析阶段

分析阶段主要是根据课程标准和培养目标对学习目标和学习内容进行具体分析，并结合学生的认知特点和认知水平对学习的重点和难点进行把握。

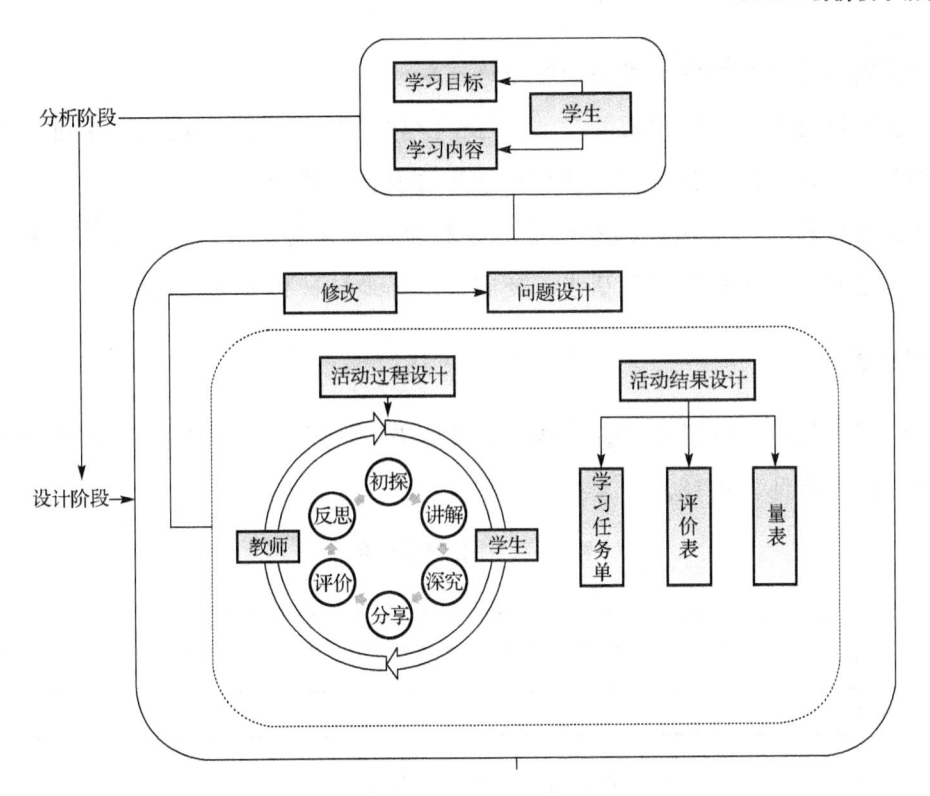

图 4-30 CIL 教学活动设计流程

◇ 设计阶段

问题设计是整个活动设计的关键，一个贴近学生生活的真实问题有助于激发学生的兴趣，提高学生的参与度。

在初探阶段，老师需要设计与课程主要内容相关的小任务，明确课程的主题，激发学生对当前课程主题的思考，让学生在正式接触概念、程序或技巧前，回归已经掌握的知识和经验。在讲解阶段，老师针对在初探阶段中学生提出的问题进行总结，并讲解与课程主题相关的核心知识点，帮助学生学习完成探究任务所需要的关键知识点，为接下来的阶段做准备。

在讲解阶段，老师针对学生在初探阶段中提出的问题进行总结，并讲解与活动主题相关的核心知识点，帮助学生学习完成探究任务所需要的关键知识点，为接下来的其他阶段做准备。

深究阶段是 CIL 教学模式的中心环节。本阶段是在初探与讲解阶段的基础上，设计一个综合性任务，促使学生综合运用所学知识进行更深入的探索。老师在探究过程中引导学生进行小组内外协作，促进其协作能力的提高。

分享阶段是让学生展示其小组的最终成果。

评价阶段是通过老师和助教在学习过程中对学生的观察、小组成果的展示并依据相应的评价标准，对学生探究、协作的学习过程进行评价。

在反思阶段，可通过老师的课堂总结和学生的实验单、总结报告等多种反思方式，使学生更好地理解相关知识点，使老师更好地设计和改进课堂教学方案。

◇ 学习任务单

在学习过程中，可以通过设计学习任务单来引导学生一步步地进行 CIL 的学习，CIL 学习任务单见表 4-18。

表 4-18　CIL 学习任务单

(1) 在此次活动中，我知道我的预期目标和关键问题是什么，我能把它清楚地写出来。

预期目标	
关键问题	

(2) 在进行本次任务前，我清楚我们小组的分工和各自的任务。

领导者	
其他角色分工	

(3) 在此次活动中，我能清楚地描述遇到的困难及克服困难的方式。

遇到的困难	
克服困难的方式	

(4) 在此次活动结束后，我将对此次活动进行评价和反思。

小组对本次活动的满意度	很满意	一般	不太满意
在小组分工合作的过程中，我对自己和他人的表现是否满意			
从本次活动中我有哪些收获			

CIL 教学活动设计案例

接下来，我们将呈现一个 CIL 教学活动设计案例，该案例是由本团队开发并实施的"人工智能教育应用"的活动案例。我们将在介绍活动相关背景后，通过 CIL 教学活动设计流程，按照"课程分析—课程设计指南—具体活动流程展示"的顺序详细阐述代表案例。

【案例：人工智能教育应用】

为了适应未来科技社会对技术型人才的需要，2003 年颁布的《普通高中新课程标准》将"人工智能初步"与"简易机器人制作"分别列入"信息技术课程"与"通用技术课程"的选修内容。教育部新制定的《普通高中物理课程标准（实验）》中也提到"收集资料，了解机器人在生产、生活中的应用"的要求。由此可见，国家对机器人教育的重视。机器人是提高学生动手能力、创新能力及促进学生思维发展的有效工具。

机器人教育是指通过组装、搭建和运行机器人来激发学生的学习兴趣、培养学生的综合能力。机器人技术融合了机械原理、电子传感器、计算机软/硬件及人工智能等众多先进技术，承载着培养学生能力的新使命。

◇ 学情分析

本次活动面向教育技术专业的大四本科生，这个阶段的学生已经学习过 C 语言、Java、数据结构等编程类课程，并且有比较丰富的代数、几何、物理等学科知识，同时具备较强的学习能力。

◇ 活动主题设计

"人工智能教育应用"案例共设计了 14 次活动，其中包括两个主题活动："小车主题活动"和"机械枪主题活动"，引导学生对智能机器人的常用载具和机械设计进行更深入的探究，具体活动见表 4-19。

表 4-19 "人工智能教育应用"案例的 14 次活动

序号	活动名称	建议时长
1	走近机器人	100 min ~ 135 min
2	结构与机械动力	100 min ~ 135 min
3	简单编程	100 min ~ 135 min
4	小车主题活动——出租车计价器	100 min ~ 135 min
5	小车主题活动——竞速赛车	100 min ~ 135 min
6	小车主题活动——巡线小车	100 min ~ 135 min
7	Silly Walk	100 min ~ 135 min
8	音乐高手	100 min ~ 135 min
9	机械枪主题活动——设计方案	100 min ~ 135 min
10	机械枪主题活动——迭代实现	100 min ~ 135 min
11	机械枪主题活动——完善展示	100 min ~ 135 min
12	高尔夫	100 min ~ 135 min

续表

序　号	活动名称	建议时长
13	翻山越岭	100 min～135 min
14	智能教具	100 min～135 min

"人工智能教育应用"案例主要融合了 STEM 中的 4 个学科领域，具体内容见表 4-20。

表 4-20　"人工智能教育应用"案例主要融合 STEM 中的学科领域

领　域	描　述
科学	为了实现机器人的预期功能，在物理搭建方面，需要结合结构与机械动力的科学原理
技术	借助 LabVIEW 图形化编程环境，通过程序的编写和调试实现电机、小灯和各种传感器的功能。在设计小车、机械枪等活动中体现各种现代技术的运用
工程	从确定问题到制作出原型，从整体设计到局部细节，需要对整个流程进行合理规划
数学	LabVIEW 图形化编程软件中提供了丰富的数学公式，应用简单的比较大小及逻辑运算等数学公式；在物理搭建时，使用比例尺、单位换算等数学知识

LabVIEW 与乐高机器人结合可以应用于物理、化学、生物和通用技术等学科中。通过机器人课程可以学习力、齿轮、杠杆的相关科学原理。在物理搭建的基础上，添加传感器和电机，可以用于设计和开发智能产品，如智能家具、智能教具等。在设计活动的过程中，以科学（物理科学概念、机械组件等）先行，逐次加入技术（计划和创建的工作模式、系统反馈等）、工程（构建、编程和测试模型等）、数学（估算、计算、分析改变）等，进而实现 STEM 综合实践活动。

◇ 活动实施流程

对基于机器人的教学活动，老师需要按照表 4-21 的流程组织活动的开展。

表 4-21　基于机器人的教学活动流程

流　程		描　述
上节回顾		老师展示上节课学生以小组为单位完成的作品和在实验单中反映出的问题，供全班同学借鉴其优点，反思其不足
难点讲解		在难点讲解环节，老师需要为学生介绍关于软/硬件的功能和使用方法，讲解在本次活动的编程过程中或者物理搭建过程中，学生可能遇到的难题
挑战活动	创设情境	老师从实际生活入手，引入本次活动的情境
	发布问题	老师发布真实情境中的问题
	设计方案	学生以小组为单位，根据需要设计产品的物理模型和功能用途，并画出自己的设计方案，填写实验单
	完成作品	学生根据上面步骤的设计方案，进行物理搭建并编写程序，完成作品，填写实验单
	进阶训练	老师在之前发布的问题的基础上发布难度更大的问题（按需求选择是否体现该步骤）
	展示总结	学生完善实验单，以小组为单位展示作品，总结此次活动

（1）上节回顾

老师需要收集、汇总每次活动学生以小组为单位形成的作品和填写的实验单，分析、总结每个小组在编程、物理搭建、小组合作三个方面遇到的问题或收获的经验。在上节回顾中，老师需要把这些内容与全班同学分享，学生之间相互提出意见，相互进行评价。

（2）难点讲解

在难点讲解环节，老师需要为学生介绍关于软/硬件的功能和使用方法，讲解在本次活动的编程过程中或者物理搭建过程中，学生可能遇到的难题。

（3）挑战活动

挑战活动是整个活动的主要部分，它是由几个环节组成的，其中某些环节可根据需要进行删减、调整，其流程大致如下。

创设情境：在创设情境上，老师需要从学生的实际生活进行引入，从学生熟悉的情境入手，激发学生的兴趣，引吸学生的注意力。

发布问题：在发布问题上，老师需要提出来自学生生活中的真实问题，这类问题往往更能激发学生解决问题的兴趣。

设计方案：学生在设计方案时，需要从解决问题出发，设计产品的物理模型和功能用途，然后画出自己的设计方案。同时，学生需要填写实验单。

完成作品：学生需要根据自己的设计方案用乐高积木进行物理搭建，并用LabVIEW进行编程实现其作品的功能。在学生完成作品后，允许学生返回到上一步修改设计方案。在这个过程中，学生需要填写实验单。

进阶训练：在学生完成作品后，老师可以在之前发布的问题基础上增加问题的要求从而提高问题的难度让学生继续创作，也可以发布另一个难度较高的问题，让学生重新创作作品，逐步训练学生解决问题的能力。

展示总结：在活动结束前，学生需要完善实验单，以小组为单位展示作品，总结此次活动。学生将作品拍照，在活动结束后把照片和实验单交给老师。

动动脑筋思考

想一想，以上哪些流程可以改进？

活动展示：小车主题活动——出租车计价器

✧ 上节回顾

在前面的活动中，学生对简单的机械、编程和实验材料有了初步的了解。学生在每次活动后都认真填写了实验单,并拍摄了作品的照片。老师从物理搭建、编程和小组合作三个方面对每组进行了评价。在本次活动开始前,老师将这些内容展示给全班学生相互学习。

下面我们将针对智能机器人中最常见的载具之一——小车进行活动设计,从不同角度探讨小车的设计和功能实现。

❖ **难点讲解**

传感器是小车的"眼睛"和"耳朵",也是其具备智能的基础。因此,难点集中在传感器上。表 4-22 总结了几种常见的传感器。

表 4-22　几种常见的传感器

传感器类型	判别方式	主要功能	图　　示
光电传感器	分为反射光和自然光两种,测定光值与设定值的不同	辨别颜色、有光、无光等	
超声波传感器	在有限的范围内测定前方是否有物体	测量障碍物	
触碰传感器	是否触碰到物体,只有是和否两种情况	作为触发某种行为的条件	
声音传感器	判别声音的大小	作为触发某种行为的条件	

❖ **挑战活动**

(1) 创设情境

两名学生乘坐出租车,下车时司机师傅让他们付了车费,但是他们很好奇出租车一共行驶了多远?所以他们想设计一个可以显示距离的计价器。

(2) 发布问题

搭建一辆可以行驶的出租车。测量出租车行驶的距离并显示。测量指定区域的长度，并在 NXT（主机型号）的屏幕上显示。计价规则为：起步价 10 元（1.2 m 内），超过 1.2 m 的部分每行驶 0.5 m 增加 0.4 元。

（3）设计方案

学生根据要求以小组为单位设计出租车的物理模型，然后画出出租车模型的整体结构设计图，同时完成实验单的填写。

（4）完成作品

学生根据设计方案用乐高积木进行物理搭建，并通过 LabVIEW 进行编程实现出租车相关功能。学生在完成作品时，可以返回到上一步流程修改设计方案。在这个过程中，学生需要填写实验单。

（5）展示总结

学生展示成品出租车模型。在活动结束前，学生需要完善实验单，并给作品拍照，在活动结束后，学生需要把照片和实验单交给老师。

动动脑筋思考

能否在 NXT 的屏幕上显示车费？

活动展示：竞速赛车

◇ 上节回顾

在上次活动中，学生完成了"出租车计价器"小车主题活动，在活动结束后，学生将作品照片和实验单交给老师，老师从物理搭建、编程和小组合作三个方面对每组进行评价。在本次活动开始前，老师将这些内容展示给全班学生相互学习。

从上次活动的现场状况和学生的实验单中来看，在热身活动中，学生对于电机和 NXT 不是很熟悉，因此在搭建过程中花费很长时间去思考如何摆放这两个零件，导致在该活动中所用的时间超出了预计的时长。另外，有些小组对于编程部分不能完全理解，同样导致活动进行得有些缓慢。

◇ 难点讲解

在物理搭建方面，老师给学生展示多张小车模型的图片，有 NXT 与电机平行的"加长型"小车，还有架高 NXT 的"精致"小车，并向学生说明怎样才能更好地固定

NXT 和电机。一般来说，NXT 的位置不能太低，否则在小车行驶的过程中会影响小车的行驶速度。图 4-31 为小车模型。

在编程方面，老师介绍 LabVIEW 中的电机转动角度的读取和控制模块、屏幕显示模块以及各种传感器的多种功能和用法。小车行驶的距离是由电机的转动角度和轮轴的长度共同决定的，由于同一个电机带动不同长度的轮轴，因此小车行驶的距离是不同的。一般来说，小车模型搭建好后，轮轴的长度也就确定了，那么小车行驶的距离只能由电机转动角度来决定。为了精确控制小车的行驶距离，以下小车行驶的距离单位用度数来表示。

图 4-31　小车模型

图 4-32 分别是 Read Rotation 模块和 Drive Distance 模块。Read Rotation 模块只能读取小车电机转过的角度，不具备控制功能；Drive Distance 模块可以精确控制小车电机转过的角度。

图 4-32　Read Rotation 模块和 Drive Distance 模块

图 4-33 是电机转动角度的读取和控制模块程序，图 4-34 是屏幕显示的模块程序。

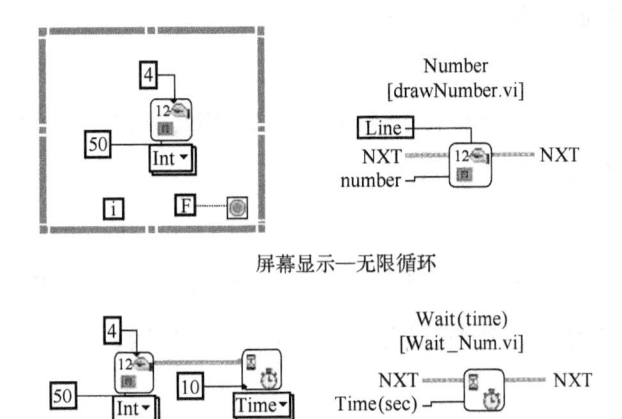

屏幕显示—无限循环

屏幕显示—停留10秒

图 4-33　电机转动角度的读取和控制模块程序

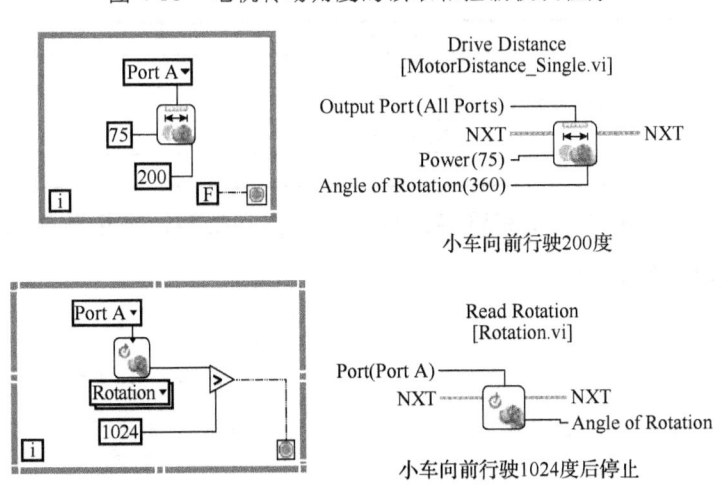

小车向前行驶200度

小车向前行驶1024度后停止

图 4-34　屏幕显示的模块程序

❖ **挑战活动**

（1）创设情境

在上个活动中，我们制作了一辆小车，但是对于小车没有做更多的功能性要求。这里我们要进行小车竞速比赛，需要大家动手动脑，制作自己的小车然后参加竞速比赛。

（2）发布问题

制作一辆小车，满足下面的要求：①竞速：速度快者胜；②小车不可超出赛道；③评判标准为所用时间；④小车在驶过终点线时需要自动停止（终点线有标示）；⑤NXT和电机必须固定在小车上。

（3）设计方案

学生根据要求以小组为单位设计小车的物理模型，然后画出产品模型的整体结构设计图，并完成实验单的填写。

（4）完成作品

学生需要根据设计方案用乐高积木进行物理搭建，用 LabVIEW 进行编程实现其功能。学生在完成作品后，允许返回上一步修改设计方案。在这个过程中，学生需要填写实验单。

（5）展示总结

学生进行小车平地竞速比赛，竞速比赛的评价标准如下：

完成任务 60 分	设计：10 分
	健壮性：10 分
	速度：15 分
	NXT和电机的固定：10 分
	终点停止：15 分

在活动结束前，学生需要完善实验单，并给作品拍照。在活动结束后，学生需要把照片和实验单交给老师。

动动脑筋思考

试分析这个活动还能做哪些改进？

参考文献

[1] 雒亮，祝智庭. 开源硬件：撬动创客教育实践的杠杆[J]. 中国电化教育，2015(4)：7-14.

[2] 傅骞,王辞晓.当创客遇上 STEM 教育[J].现代教育技术,2014,24(10):97-98.

[3] 杨晓哲,任友群.数字化时代的 STEM 教育与创客教育[J].开放教育研究,2015(5):35-40.

[4] 吴俊杰,周群,秦建军,等.创客教育:开创教育新路[J].中小学信息技术教育,2013(4):42-43.

[5] 美国杜克大学普拉特工程学院.为未来而建[EB/OL]. https://www.teachengineering.org/curricularunits/view/duk_tower_tech_unit.

第5章 STEM 教学研究实践

5.1 如何开展 STEM 教学研究

课堂是开展研究和实践的主要场所,也是教学研究中信息和数据来源的重要场所,如何在真实的课堂中开展教学研究是 STEM 教学研究实践亟待探讨的重要议题。结合 STEM 教育的内涵和核心特征,这里重点从教学研究的角度给大家介绍一种基于设计的研究方法。

基于设计的研究

基于设计的研究(Design-Based Research, DBR)起源于学习科学研究领域,其目的是在真实情境中,以研究者与实践者的协作为基础,通过分析、设计、开发和实施的反复循环来改进教育实践,并提炼对情境敏感的设计原则和理论。根据来自实践的反馈不断改进设计方案，直至排除所有缺陷，可以形成一种更为可靠而有效的设计。DBR 的一般过程如图 5-1 所示。

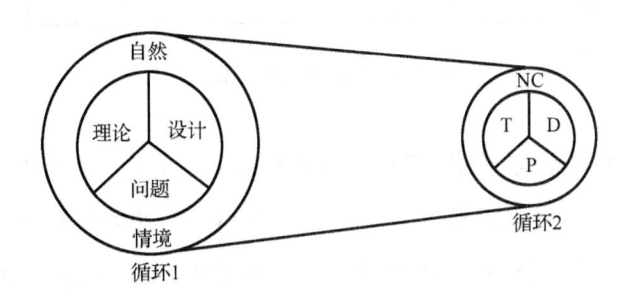

图 5-1 DBR 的一般过程

DBR 也是一种探究学习的方法论，旨在设计一些人工制品（如课程、工具）作为一种教学干预应用于实践，潜在影响自然情境中的教与学并对其做出阐释，并在此基础上产生新的理论支持持续的教育革新，促进教育实践和学习理论的共同发展。

◇ **DBR 的特征**

DBR 的四大特征如下：

（1）情境真实性。DBR 是为了解决真实情境中的问题而开展的设计研究，因此与教学的特定情境密切相关，此外，设计对教学实践的干预也有很强的实用性。

（2）迭代循环性。DBR 是一个不断循环的长期过程，设计者与实践者在设计、实施、评价、再分析和再设计的多轮迭代中调整、修正设计。

（3）理论导向性。DBR 在通过设计改进实践的过程中，注重理论的提升和创新。如果没有一种潜在的惯性理论来支持所采用的设计框架和设计程序，那么研究结果将对教育中设计革新的理论发展毫无帮助。

（4）整合性。DBR 整合运用多种研究方法，包括质的研究和量的研究，全面关注整个研究过程的发展和变化，以提高研究的科学性和可信度。

◇ **DBR 的研究流程**

在 DBR 的一般过程指导下，不同的学者进行了不同研究方案的设计。其中，CDIO（2006）提出的 DBR 方案得到了广泛的应用，如图 5-2 所示。

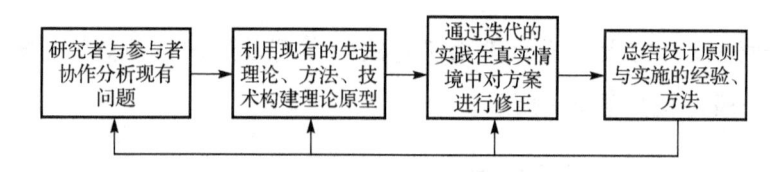

图 5-2 CDIO 提出的 DBR 方案

以上研究方案基本能够适用 DBR 的教学研究,但其不足之处在于未能凸显 STEM 教育中的理论和实践的进化过程。Thomas C. Reeves（2004）提出的研究方案充分体现了 STEM 的发展理论过程和改进实践过程,其 DBR 教学研究方案如图 5-3 所示。

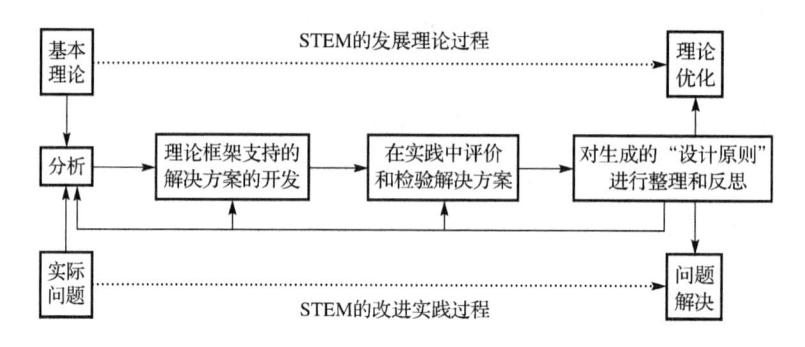

图 5-3 DBR 教学研究方案

从图 5-3 中,我们可以看出 DBR 教学研究方案无论是从科学的基本理论出发还是从真实情境中的实际问题出发,都是由研究者与实践者共同确定的一种需求（即需要达成的最终成果）,并由此开发执行方案,在实践中评价和确定方案,最后对过程和结果进行整理和反思。这个过程既体现了问题的解决又体现了理论的优化。值得注意的是,DBR 教学研究中的目标表现形式并非局限于单一的方法或模型,其目标表现形式多样,如表 5-1 所示。

表 5-1 DBR 教学研究中的目标表现形式

序号	目标表现形式	描述
1	构造物	一个领域的概念性词汇
2	模型	表示构造物之间关系的一组命题或陈述
3	方法	用于实施和执行一个任务的一组步骤及相关知识
4	范例	构造物、模型与方法的实施及实际应用
5	更好的理论	类似于实验自然科学的人工构造物

尽管 STEM 教育是科学教学与应用领域比较新兴的一个研究领域,但其在教学研究的理论与实践方面的发展速度已经大大超过了我们的预期。

活动设计应落脚于课堂，将每个 STEM 活动设计与课堂融合，并运用合适的教学研究方法进行评价和完善，不仅能够落实理论，还能有效地推动 STEM 教育的发展，让每个参与活动的学生都学有所成。

在进行教学研究时，应根据不同活动的特点选择不同的研究方法。只有选择合适的研究方法才能够让真实课堂被科学地观察，使获取到的数据能被客观、有效地分析。

动动脑筋思考
DBR 如何与 STEM 课堂融合？

5.2 面向 STEM 的教学评价

如何评测真实课堂和实践活动中的教学质量一直是教育改革及教学研究的核心议题。对 STEM 教育而言，由于其自身具有跨学科的综合属性，单纯依靠考试分数来检验教学质量是不合理的。STEM 教育具有的趣味性和体验性，决定了评价信息的来源除考试分数外，还应当包括学生在学习过程中的态度、偏好、投入状态、主动探究和乐趣体验等方面的信息。协作性也是 STEM 教育的重要特征之一，学生在协作过程中的表现如果仍沿用传统的针对单个学生进行评价的方法，那么势必不能反映出学生在群体中相互帮助、相互启发、进行群体性知识建构的表现和能力水平。此外，STEM 教育强调的实证性，与关注学生作品成果相比，学生在思考、选择、设计和再设计的过程中展现出的思维变化和行为活动也应当在评价体系所考虑的范围内。因此，针对 STEM 教学评价需要多重、全面、动态的评价体系。

国外 STEM 教学评价

国外对 STEM 教学评价的研究起步较早且发展成熟，针对校内 STEM 课堂教学质量评价体系和校外 STEM 活动质量评价体系都有深入地研究。在评价手段方面，使用以科学实验方案（Protocol）、量表（Scale）及工具（Tool）为代表的评价体系对 STEM 教学质量进行评价，并且这种方式已经成为通用的方式。由于成熟的实验方案、量表和工具都是经过信度和效度的检验，因此它们是进行评价的便捷、可靠的工具。在没有合适的现成评价体系的情况下，可以根据待评测的对象的特点对现有评价手段进行改造和使用。

◇ **校内 STEM 课堂教学质量的评价**

关于校内 STEM 课堂教学质量评价手段的研究非常多，目前比较成熟的评价方案有：COP（Classroom Observation Protocol，课堂观察方案），UTOP（UTeach Observation Protocol，UTeach 观察方案），RTOP（Reformed Teaching Observation Protocol，用于教育改革后的课堂教学观察方案），TDOP（Teaching Dimension Observation Protocol，教学维度观察方案），COPUS（Classroom Observation Protocol for Undergraduate STEM，面向本科 STEM 教学的课堂观察方案）等。这里详细介绍两个使用范围较广的评价方案：COP 和 UTOP。

1991 年的美国数学教师委员会（National Council of Teachers of Mathematics，NCTM）和 1996 年的美国科学教育标准（National Science Education Standard，NSES）申明的教学标准都呼吁建立一种基于对数学和科学教学研究的新方法，它应当包括课堂教学、授课内容的最新进展和课程结构等方面内容。基于以上两个标准，在美国科学基金会的资助下，Weiss 等人对 364 名数学和科学教师进行实验观察后，最终形成了包括"描述和定义课堂中的主要活动、课堂教学材料、数学或科学课程的教学目标"等在内的 COP 评价方案。COP 评价方案证实：学生的投入程度、有序严谨的课堂氛围、教师对待全体学生平等的态度、使用能够促进理解和参与形成性评价的提问策略、帮助学生理解学习内容和与各个观点建立联系等是区分有效课堂教学和无效课堂教学的关键特征。

Candace Walkington 等人在跨度为 5 个学期的研究时间内针对来自美国的 9 所学校的初中数学和科学 2 个科目，共涉及 36 名老师的 83 个课堂场景进行跟踪观察。该团队开发了一个面向 STEM 课堂教学的评价方案——UTOP。UTOP 是在 COP 的基础上进行改良的，针对老师的教学内容、教学技能及对学生学习成绩的可能性分析进行完善。UTOP 包含 32 个课堂观察指标，使用 7 分制评分。通过观察结果表明 UTOP 不仅是一种良好的、针对 STEM 课堂教学质量的评价方案，而且适用年级范围广泛，可以用于所有年龄段学生的 STEM 教育，并且课堂评价效率较高。但是，UTOP 也存在着一些局限，如注重理科思维评价，忽视人文学科的评价。由于该方案最初的目的是检验老师 STEM 素养的，因此在评价中更加注重老师的行为，而对学生课堂氛围的评价则不够突出。完整的 UTOP 评价方案见附录 B。

◆ 校外 STEM 活动质量的评价

在对校外 STEM 活动质量的评价方面，国外开展的研究数量相对于校内 STEM 课堂教学质量评价少很多。其中，比较有代表性的是 Ashima Mathur Shah 等人针对课后 STEM 活动、夏令营、博物馆和科技中心开展的活动使用 DoS（Dimensions of Success）评价工具。DoS 工具能反映学生的表现水平与校外 STEM 活动质量在有效性上存在的一致性，是改进校外 STEM 活动质量的优良的检测工具。

国内 STEM 教学评价

我国在《深化教育督导改革转变教育管理方式的意见》中强调："要建立、健全各级、各类教育质量监测指标体系，完善基础教育质量监测标准和工具。"《教育部关于推进中小学教育质量综合评价改革的意见》中指出："要建立、健全中小学教育质量综合评价体系，着力构建中小学教育质量综合评价指标体系。"这充分体现了我国政策上对教学质量监测、建立教学评价体系的重视。

我国在 STEM 教学评价的研究方面，虽然起步较晚，但是发展势头较为迅速，已经由描述阶段进入建立量化评价体系的阶段，覆盖包括形成性评价、诊断性评价、总结性评价及真实程度评价等在内的多种评价思维和评价方法。

江丰光对国内 2004—2016 年发表的以"STEM 教育评价""STEAM 教育评价"或"项目式学习评价"为主题的 31 篇文献进行内容分析，整理归纳得出了 11 种评价方式，包括纸笔测验封闭式评价、纸笔测验建构式评价、学生手稿笔记、图示呈现、课堂观察、作品集及组内互评等，并将各种评价方式分为诊断性评价、形成性评价以及总结性评价三大类。江丰光较为全面地展示和肯定了国内 STEM 评价的系统化和多元化的发展趋势，进一步提出了各种评价方式在 STEM 学科上的优势、限制和适用范围，为教学研究者开展 STEM 教育评价和 STEAM 教育评价提供了明确的选取建议。

董陈琦岚立足于天津市青少年科技中心构建的 STEM 项目学习云平台，构建了 STEM 项目云平台的学生能力评价指标和评价量表，详述了评价指标的选取和指标权重计算等构建过程。该评价量表体现了针对 STEM 学习表现和体验的过程性评价，以及针对 STEM 学习的真实情境建立的真实程度评价。

与国外相比，国内的 STEM 评价体系存在以下 4 点不足：

（1）在价值取向方面：对学生评价的目的是判断学生是否通过考试测验，而不是帮助学生更好地发展并成为全面发展的人；

（2）在评价内容方面：过分注重科目评价；强调书本知识的掌握程度而忽略学生在情感态度及其他能力等方面的评价；不太关注学生在学习过程中和各方面能力的培养与发展，缺乏真实情境性；不利于学生创新能力的培养；

（3）在评价方法方面：方法单一，以书面纸笔测验和标准化测试为主，测试分数占学生评价的主要地位，忽视其他形式的评价；重视定量评价，定性评价较少；总结性评价为主，对在贯穿整个学习过程中的过程性评价重视不够；

（4）在评价主体方面：老师评价依旧占据主导地位。评价主体的单一化造成评价形式主义倾向严重（即为了进行活动而活动，为了进行评价而评价），造成了探究活动的泛化。此外，评价过程中忽略了学生自我评价的价值，不利于学生进行自我认识和自我反思。

关于构建 STEM 评价体系的一些思考

当没有合适的量表在教学研究中直接使用时，可以尝试通过改造或开发自制评价体系。

国外研究者 Hardy Precious 和 Aruguete Mara 通过改造心理学中的绩效金字塔理论模型（Theoretical Model of the Performance Pyramid），构造了支持需求量表（Student Support Needs Scale，SSNS）。该量表包含 6 个评价维度，分别是知识与技能，绩效能力，动机、价值及自我概念，奖励、认知和激励，工具、环境和过程，期望和反馈。该研究表明，SSNS 能够帮助学校在 STEM 课程中对学生所需的支持在资源分配上做出明智的决断。Alana Unfried 等人采用定量、定性混合研究方法针对大规模样本设计了一种迭代性的评价方法，其中包含一个自制 4 个维度（数学的态度、技术/工程的态度、科学的态度、21 世纪技能的态度）的量表。该量表主要用于评价四～五年级和六～十二年级学生关于 STEM 课程学习及提升 21 世纪技能的态度。Ajay Ramful 等人自制了一个包含心理旋转、空间定位、空间可视化 3 个维度共计 45 题（项）的空间推理工具（Spatial Reasoning Instrument，SRI），主要用于评判初中生参与并完成基于 STEM 的空间性知识学习的思维和能力。SRI 工具能较好地反映出基于 STEM 的空间性知识学习的难度。

从上述多个自制评价工具的案例可以看到，构建 STEM 教学研究和课外活动的评价体系时，我们可以通过对教育学和心理测量学权威期刊上的成熟量表进行适度改编。这里为大家提供一些可参考的期刊:《心理测量工具年鉴》(*Mental Measurements Yearbook*, MMY)、《已出版测验》(*Tests in Print*)、《教育与心理测量》(*Educational and Psychological Measurement*)、《应用心理学测量》(*Applied Psychological Measurement*)、《教育实用测量》(*Applied Measurement in Education*)及《教育测量杂志》(*Journal of Educational Measurement*)。

此外,STEM 教学研究者也可以尝试开发新的量表,可借鉴如下量表开发的一般流程:先采用定性研究法通过对被观察对象进行访谈等多种方式获得研究目标的影响因素,从而建立简单的量表;在此基础上采用试测和定量研究法对量表的效度进行验证后修改或删除效度较差的条目,通过多次迭代来确立最后的评价方案。

在本章接下来的两节中,我们将分别选取小学阶段工程设计教学模式和大学阶段的 CIL 教学模式的创新实践案例,带领大家深入体会基于设计的 STEM 教学研究的全过程。我们将看到迭代、协作等多个特征是如何显现并起作用的,并重点关注研究中的评价与反思环节,感受评价与反思环节是如何推动 STEM 教学研究向前发展的。

动动脑筋思考

如何改进国内 STEM 教学评价中的不足?

5.3 工程设计教学研究案例

STEM 教育中的科学、技术、工程和数学 4 门学科,不仅是根据育人目标的需求在教育研究和实践过程中人为地进行融合,就其本质而言,4 门学科之间还天然存在着紧密的内部联系,其中数学和技术如同多功能干细胞具有强大的分化属性。STEM 教育中各要素关系图如图 5-4 所示。

在混沌学的分形理论中,自然界中的一切事物都能够由最简单的数学公式循环、推演、进化而成。科学建立在数学基础之上,是我们用来认识自然世界的直接工具,其核心是科学方法(根据科学概念、科学定律提出科学假说,进行实验验证,这是贯穿于基础教育到高等教育各个阶段的教学内容)。由此,我们理解了从微观夸克粒子到宏观宇宙星系、从无机非生命体到有机生命体的自然界存在背后的所支配的原理。

在我们生活的环境中,形形色色的技术构建了我们功能强大的工程体系,它是我们用以改造世界的直接工具，其核心是创造思维（创造思维集中体现为发现和革新，是工程学科的必需素养，但却难以进行分段教学）。人类可以根据自身需求创造出原本自然界所不能直接提供的诸多事物。

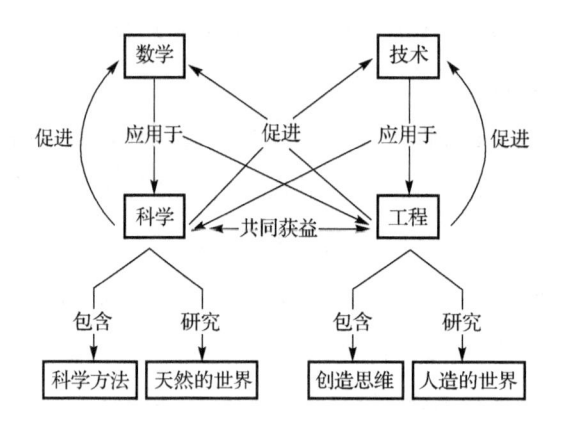

图 5-4　STEM 教育中各要素关系图

从图 5-4 中我们可以看出，工程和数学以及科学和技术之间存在交叉促进作用。对于科学家而言，创造思维有益于自身跳出思维定式，发现新事物。而对于工程师来说，在创造过程中同样需要参考科学理论。科学家与工程师可以从对方的思维方式中获益。为了使大家透彻理解科学与工程，我们单独对 STEM 教育中的科学和工程两个要素进行描述和对比。

◇ **科学是什么**

Science（科学）来源于 Latin 语，意为"to Known, to Learn"，即提出关于自然的问题，然后找出答案。科学是由好奇心驱使的，物理学家问物理问题，数学家问有关数字的问题，人文学家问有关社会的问题。科学的难点在于找到好问题，而找出合理的答案则更难。

科学是对自然界客观规律的探索，科学的任务是要有所发现，进而丰富人类的知识。科学知识的基本形式是科学概念、科学假说和科学定律，科学活动的最典型的形式是基础科学研究，包括科学实验和理论研究，进行科学活动的主要社会角色是科学家。

◇ **工程是什么**

Engineering（工程，有时又称为应用科学）来源于 Latin 语，意为"Cleverness：to Contrive, to Devise"，即提出有关人造系统的问题并给予回答。工程并不难，但不确定性很大，工程研究人员经常被夹在基础和应用之间，左右为难。工程是实际的改造世界的物质实践活动和建造实施过程。工程是要有所创造，从而为人类生存发展条件建造所需要的人工自然条件与物品。工程知识的主要形式是工程原理、设计和施工方案等，工程活动的基本方式是计划、预算、执行、管理和评价等，进行工程活动的基本社会角色是工程师。

✧ 辨一辨

科学与工程的对比如表 5-2 所示。

表 5-2 科学与工程的对比

研究对象	概　念	知识的基本形式	活动的基本方式	目　的	研究人员
科学	对自然界客观规律的探索	科学概念、科学假说和科学定律	典型形式是基础科学研究（包括科学实验和理论研究）	有所发现，丰富人类的知识	科学家
工程	实际改造世界的物质实践活动和建造实施过程	工程原理、设计和施工方案等	计划、预算、执行、管理、评价等	有所创造，为人类生存发展条件建造所需要的人工自然条件与物品	工程师

动动脑筋思考

比较科学与工程有哪些不同之处。

工程设计的小学科学 STEM 教育活动研究

科学教育活动的设计可严格按照工程设计教学活动设计流程进行。在实际教学中，要严格依据工程设计过程模式开展教学，按照情境创设、明确问题、寻找策略、选择最优策略、设计模型、测试展示等环节依次进行。

在明确问题、寻找策略、选择最优策略等环节中，老师给学生提供学习任务单和设计卡片，组织学生在卡片上对问题进行分析，学生需严格按照工程设计步骤设计草图，充分讨论和对比所有方案，进而选出最优方案。

【活动设计阶段】

在活动设计过程中，应该充分咨询具有丰富经验的老师有关科学教学的情况，结合科学教学大纲设计一些操作性强且适合学生开展的活动。这里以小学四年级为例，结合小学科学教学大纲开发一系列科学活动，涉及齿轮驱动、杠杆原理等知识点，活动主题设计如表 5-3 所示。

表 5-3　活动主题设计

活动主题	知识点	任务描述
滑轮	滑轮原理	设计一台能够轻松举起重物的起重机，运送的重物越重越好
风扇	齿轮驱动	用齿轮设计一台风扇，转速越快越好
台秤	杠杆原理	设计一个能够称出物体重量的台秤，最大称重值越大越好
折叠桌	形状稳定性	设计一个能够轻松打开和合上的折叠桌，桌子能够承受的重量越重越好

注意，活动是非结构化的，目的是帮助学生熟悉工程设计的过程。

每个活动都应遵循工程设计的步骤，具体步骤如下：

第1步：老师首先创设情境，提出一个非良构的问题。例如，在滑轮活动中，老师通过设计一个故事情境，创设工程材料运输困难与人物工程需求的矛盾，启发学生思考。要求学生借助提供的有限零件设计一台起重机，将工程材料运送到高楼上，实现在真实情境中解决任务。

第2步：老师组织学生进行小组讨论，记录学生探究问题的过程和解决方案。

第3步：老师指导学生在学习任务单和设计卡片上绘制可能的解决方案，并通过对比和整合形成最优的解决方案。

第4步：老师要求在每个任务活动中都搭建作品，并对学生进行访谈，了解学生在解决问题过程中对科学概念理解的正确性，并确定学生是否正确理解其中的科学规律。

第5步：老师通过作品评价表对所有的作品进行打分评价。

◇ 主题活动一：滑轮

1．教学目标

知识与技能：了解定滑轮能够改变力的方向，动滑轮能够省力，学会利用定滑轮和动滑轮解决具体实际问题。

过程与方法：学会利用在工程设计中解决问题的方法。

情感、态度与价值观：激发学生对工程设计的兴趣，使学生在"动手做"中乐于主动探究问题。

2．教学重/难点

重点：学生学会利用动滑轮和定滑轮的特点解决实际问题。

难点：学生学会画工程设计图，形成设计思维。

3．核心概念

科学（S）	技术（T）	工程（E）	数学（M）
滑轮的作用	起重机运送重物	工程学	测量
·定滑轮	·用定滑轮改变方向	·起重机结构设计	·重复性模式
·动滑轮	·安装动滑轮	·机械装置	·测量单位

4．课前准备

PPT、乐高套件、学习任务单和设计卡片。

5．教学过程（共 90 min）

教学环节	老师活动	学生活动
（1）情境导入 （3 min）	老师：李雷工程师和他的工友们在高楼上开展工作，需要将地面的工程材料运到高楼上给工人们使用，可是地上的工程材料太重，无法通过人力轻松地运到高楼上。李雷经过仔细寻找，在楼下发现了若干滑轮、绳子和支架等零件。你能替李雷想想解决办法吗	学生：设计一台可以运送重物的机器，而且该机器可以轻松地载起重物
（2）发布任务 （2 min）	老师：请你根据提供的零件材料，设计一台能够将重物轻松运送到高楼上的起重机 要求：①结构良好，稳固 ②能将重物轻松地运送到高楼上 ③造型美观	
（3）明确问题 （5 min）	老师：请以小组为单位进行讨论，把要完成的任务和存在的问题及限制条件写在学习任务单上	讨论并明确任务，即利用定滑轮、动滑轮的特点搭建一个可轻松运送重物的起重机
（4）寻找解决方案 （20 min）	老师：请在学习任务单和设计卡片上将小组所有想到的解决方案都画出来	在学习任务单和设计卡片上画出设计方案图，并对设计意图进行文字说明
（5）确定最优方案 （5 min）	老师：请在学习任务单和设计卡片上对所有的设计方案进行打分，整合成一个最优方案	依据评判标准，选出最优方案
（6）搭建原型 （30 min）	老师：请互相协作搭建各自小组的作品	协作搭建作品
（7）作品展示 （10 min）	①检验学生作品 ②点评学生作品	展示作品，解释起重机是怎样轻松运送重物的
（8）知识总结 （15 min）	展示起重机图片，并总结定滑轮可以改变方向，动滑轮可以省力等知识点	①改进作品 ②在学习任务单和设计卡片上记录在哪些方面做了改进

动动脑筋思考

上述起重机的活动设计可以做哪些改进？

◆ 主题活动二：风扇

1. 教学目标

知识与技能：认识齿轮驱动规律；学会利用齿轮驱动规律来设计变速风扇的结构。

过程与方法：学会利用工程设计中解决问题的方法。

情感、态度与价值观：激发学生对工程设计的兴趣，使学生在动手做中乐于主动探究问题。

2. 教学重/难点

重点：学生学会利用齿轮驱动的规律来设计变速风扇的结构并解决实际问题。

难点：学生学会画工程设计图，形成设计思维。

3. 核心概念

科学（S）	技术（T）	工程（E）	数学（M）
齿轮的作用 ·加速 ·减速	风扇实现变速 ·多级传动 ·小齿轮驱动大齿轮 ·大齿轮驱动小齿轮	工程学 ·风扇重心设计 ·机械装置	归纳 ·变化性模式 ·齿轮倍数

4. 课前准备

PPT、乐高套件、学习任务单和设计卡片。

5. 教学过程（共 90 min）

教学环节	老师活动	学生活动
（1）情境导入 （3 min）	老师：在一个炎热的夏天，露西和莉莉姐妹俩正在家里吹风扇。露西将风扇的风力调到三挡，可是莉莉觉得风力太大，要求把风扇的风力调到一挡，于是两人发生了争执。这时家里突然停电了，于是露西和莉莉从家里找到了一些齿轮和梁等连接件。你能替露西和莉莉想想办法让风扇重新转动起来吗	学生：设计一台可以同时满足露西和莉莉要求的、转速可以调节的风扇
（2）发布任务 （2 min）	老师：请设计一台可以改变转速的风扇 要求：①结构良好、稳固 ②转速可调节 ③可调节挡位越多越好 ④造型美观	
（3）明确问题 （5 min）	老师：请以小组为单位进行讨论，把要完成的任务和存在的问题及限制条件写在学习任务单和设计卡片上	讨论并明确任务，即利用齿轮驱动规律搭建一个可调节转速的风扇
（4）寻找解决方案 （20 min）	老师：请在学习任务单和设计卡片上将小组所有想到的解决方案画出来	在学习任务单和设计卡片上画出设计方案图，并对设计意图进行文字说明
（5）确定最优方案 （5 min）	老师：请在学习任务单和设计卡片上对所有的设计方案进行打分，整合成一个最优方案	依据评判标准，选出最优方案
（6）搭建原型 （30 min）	老师：请互相协作搭建各自小组的作品	协作搭建作品

续表

教学环节	老师活动	学生活动
（7）作品展示 （10 min）	①检验学生作品 ②点评学生作品	展示作品，解释风扇是怎样调节转速的
（8）知识总结 （15 min）	展示变速风扇图片，并总结齿轮不同的驱动方式	①改进作品 ②在学习任务单和设计卡片上记录在哪些方面做了改进

动动脑筋思考

上述风扇的活动设计可以做哪些改进？

✧ **主题活动三：台秤**

1. 教学目标

知识与技能：了解杠杆平衡原理；学会利用杠杆原理来设计台秤的结构。

过程与方法：学会利用工程设计中解决问题的方法。

情感、态度与价值观：激发学生对工程设计的兴趣，使学生在动手做中乐于主动探究问题。

2. 教学重/难点

重点：学生学会利用杠杆平衡原理来设计台秤的结构并解决实际问题。

难点：学生学会画工程设计图，形成设计思维。

3. 核心概念

科学（S）	技术（T）	工程（E）	数学（M）
杠杆 ·平衡	平衡 ·灵敏度 ·承重	工程学 ·重心设计 ·机械装置	推理 ·估算 ·比例

4. 课前准备

PPT、乐高套件、学习任务单和设计卡片。

5. 教学过程（共 90 min）

教学环节	老师活动	学生活动
（1）情境导入 （3 min）	老师：亨利的爸爸在超市里买了几种水果，其中苹果 50 g、梨 100 g、香蕉 200 g 和若干葡萄。亨利从学校放学回家想吃葡萄，爸爸告诉亨利如果想吃葡萄，那么只能利用爸爸给他提供的苹果或者梨、香蕉的重量称出葡萄的重量才能吃。你能替亨利想想办法吗	学生：可以设计一个台秤
（2）发布任务 （2 min）	老师：请根据提供的零件材料设计一个台秤 要求：①结构良好，稳固 ②随机分配 50 g/100 g/200 g 的物体给每个小组，要求根据所拿到的物体重量称出未知物体的重量 ③造型美观	
（3）明确问题 （5 min）	老师：请以小组为单位进行讨论，把要完成的任务和存在的问题及限制条件写在学习任务单和设计卡片上	讨论并明确任务，即利用杠杆平衡原理搭建一个可调节的台秤
（4）寻找解决方案 （20 min）	老师：请在学习任务单和设计卡片上将小组所有想到的解决方案画出来	在学习任务单和设计卡片上画出设计方案图，并对设计意图进行文字说明
（5）确定最优方案 （5 min）	老师：请在学习任务单和设计卡片上对所有的设计方案进行打分，整合成一个最优方案	依据评判标准，选出最优方案
（6）搭建原型 （30 min）	老师：请互相协作搭建各自小组的作品	协作搭建作品
（7）作品展示 （10 min）	①检验学生作品 ②点评学生作品	展示作品，解释台秤是怎样调节平衡的
（8）知识总结 （15 min）	展示可调节台秤的图片，并总结杠杆平衡原理	①改进自己的作品 ②在学习任务单和设计卡片上记录在哪些方面做了改进

动动脑筋思考

上述台秤的活动设计可以做哪些改进？

✧ 主题活动四：折叠桌

1．教学目标

知识与技能：了解三角形具有稳定性；学会利用三角形的稳定性来设计折叠桌的结构。

过程与方法：学会利用工程设计中解决问题的方法。

情感、态度与价值观：激发学生对工程设计的兴趣，使学生在动手做中乐于主动探究问题。

2．教学重/难点

重点：学生学会利用三角形的稳定性来设计折叠桌的结构解决实际问题。

难点：学生学会画工程设计图纸，形成设计思维。

3．核心概念

科学（S）	技术（T）	工程（E）	数学（M）
三角形的性质 ·稳定性	折叠 ·灵活性 ·承重	工程学 ·架构设计 ·机械装置	三角形 ·边

4．课前准备

PPT、乐高套件、学习任务单和设计卡片。

5．教学过程（共 90 min）

教学环节	老师活动	学生活动
（1）情境导入 （3 min）	老师：玛丽一家准备出去野餐，需要带一张桌子出去放东西，但是她家的桌子太大，搬到车上很占空间。你能替玛丽想想办法吗	学生：要设计一张可以承受重物的桌子，而且可以收起来，不占过多的空间
（2）发布任务 （2 min）	老师：请你帮玛丽设计一张能够折叠的桌子 要求：①稳定 ②桌子能展开和折叠 ③桌面承重越大越好 ④造型美观	
（3）明确问题 （5 min）	老师：请以小组为单位进行讨论，把要完成的任务和存在的问题及限制条件写在学习任务单和设计卡片上	讨论并明确任务，即利用三角形的结构特点搭建一张可承重物的折叠桌
（4）寻找解决方案 （20 min）	老师：请在学习任务单和设计卡片上将小组所有想到的解决方案画出来	在学习任务单和设计卡片上画出设计方案图，并对设计意图进行文字说明
（5）决定最优方案 （5 min）	老师：请在学习任务单和设计卡片上对所有的设计方案进行打分，整合成一个最优方案	依据评判标准，选出最优方案

教学环节	老师活动	学生活动
（6）搭建原型 （30 min）	老师：请互相协作搭建各自小组的作品	协作搭建作品
（7）作品展示 （10 min）	①检验学生作品 ②点评学生作品	展示作品，解释是怎样实现桌子折叠和展开的
（8）知识总结 （15 min）	展示折叠桌图片，并总结三角形具有稳定性	①改进自己的作品 ②在学习任务单和设计卡片上记录在哪些方面做了改进

动动脑筋思考

上述折叠桌的活动设计可以做哪些改进？

【活动实施阶段】

教育实验研究是为了解决某个教育问题，根据一定的教育理论在建立研究假设后进行有计划的教育实践。在设计实验时，首先要确定实验对象，并对实验对象的要求条件做出严格的规定。

◇ 确定实验对象

本研究以北京市某小学 30 名四年级学生作为实验对象，并将其随机分为 2 个班（控制组和实验组），每个班 15 名学生。两个班均由同一名老师教学，但采用不同的教学模式，具体教学过程见表 5-4。

控制组使用普通教学模式，并借助乐高积木进行教学活动，教学步骤包括创设情境、分析问题、设计原型、测试原型。相对应的实验组借助乐高积木并采用工程设计教学模式。与控制组不同，实验组的第二个教学步骤被划分为三个更详细的教学环节。这个过程要求学生在学习任务单和设计卡片上清楚地描述问题、分析约束条件并绘制设计图，在为比较可能的解决方案打分后，确定最优解决方案。

表 5-4 控制组和实验组的教学过程

	普通教学模式（控制组）		工程设计教学模式 （实验组）
创设情境	老师通过创设情境，提出问题	创设情境	老师通过创设情境，提出问题
分析问题	要求学生进行小组讨论，分析需求与限制条件	识别问题	要求学生分析需求，并在学习任务单和设计卡片上进行描述
		寻找可能解决方案	学生进行信息收集、分析约束条件，并在学习任务单和设计卡片上绘制设计图
		确定最佳解决方案	学生为比较可能的解决方案打分后，确定最佳解决方案
设计原型	学生开始构建模型	设计原型	学生开始构建模型
测试原型	要求学生测试和修改解决方案	测试原型	要求学生测试和修改解决方案

为了进一步探究各小组在协作、解决问题过程中交互行为内容、交互行为模式上的特征与小组性别差异，研究者对实验组中的 12 名学生进行了编号：女女女（FFF）、女女男（FFM）、女男男（FMM）、男男男（MMM），并对学生有关乐高搭建的先前经验进行了询问，结果显示 12 名学生均具有较好的乐高搭建基础。为每个小组提供一套乐高组件，并配有一名具有乐高经验的助教，帮助学生解决可能出现的错综复杂的难题。

◇ **建立研究假设**

研究假设是研究者根据经验事实和科学理论对所研究问题的规律做出的一种推测性论断和假定性解释，是在进行研究之前预先设想的、暂定的理论。简单地说，研究假设就是研究问题的暂时答案。

本研究尝试通过工程设计教学模式促进小学生科学成绩的提高，加深小学生对科学概念和知识的理解。此外，探究工程设计教学模式是否能够有效提高小学生解决问题的能力。因此，本研究提出如下假设：

（1）工程设计教学模式（实验组）的学生与普通教学模式（控制组）的学生在科学学习成绩的表现上有显著差异；

（2）工程设计教学模式（实验组）的学生与普通教学模式（控制组）的学生在问题解决能力的表现上有显著差异。

◇ **选定研究方法**

根据研究手段不同可以将研究方法分为定性研究法和定量研究法。在本研究中，我们主要采用定量研究法，辅助以定性研究法。

1. 定量研究法

在科学研究中，定量研究法可以使人们对研究对象的认识进一步精确化，以便人们更加科学地揭示规律、把握本质、理清关系和预测事物的发展趋势。

本研究中主要包括对学生的科学知识储备方面和问题解决能力等方面的多种测试，探究控制组和实验组两个组在前后测试中的表现是否得到有效改善。实验组和控制组两个组均需要在实验前和实验后各进行一次围绕该实验任务的知识点内容测试。测试的目的是对比两组学生的测试成绩之间是否存在差异。此外，学生还需要进行前后两次关于问题解决能力的测试。

2. 定性研究法

定性研究法就是对研究对象进行"质"的方面的分析。具体地说是运用归纳和演绎、分析和综合及抽象和概括等方法，对获得的各种资料进行思维加工，从而能去粗取精、去伪存真、由此及彼、由表及里，达到认识事物本质、揭示内在规律的目的。

本研究中主要通过观察的形式进行。每个小组的助教都详细记录每节课该小组成员的表现，包括每次活动的主题、学生的设计过程和学生学习过程中产生的问题种类等，每个助教都应详细描述在此实验过程中学生的认知过程。因此，在记录过程中，应当详细表述学生如何操作、思考、接受新的挑战，以及寻找和发现问题的解决策略等内容。基于观察法的数据收集的目的是更好地、更全面地反映学生的认知和发展过程。

◇ 开发研究工具

研究工具是用来收集、处理和解释资料的一种专业性技巧和手段。

1. 科学知识测试

本研究使用两套测试卷对学生的科学知识水平进行前后测试。为了避免前后测试中对问题理解的差异，以保证学生前后两次测试的成绩之间是可比较的，故两套测试题的难度是相同的。测试题从之前老师和研究人员编制的四年级学期末考试中选取，研究人员逐字逐句考察问题的表述以确保学生不会误解题意。

如表5-5所示，两套测试卷的结构相同，均包含3个知识点。例如，知道如何通过增加动力臂平衡杠杆以减少用力，通过识别每个齿轮上的齿数以发现齿轮传动速率的规律，或者认识到空转齿轮不影响齿轮传动的整体速率。每个知识点包含2道判断题和3道多项选择题。整套测试卷共有15题，每题1分。

2. 问题解决能力问卷

问题解决能力问卷在实验前后对学生进行调查。问卷根据李晓菁教授的问题解决能力自检问卷进行修改，采用李克特式四点量表评分加总方式（"1"为"从来不会"，"2"为"很少会"，"3"为"经常会"，"4"为"总是"）进行评分，包括 5 个维度：明确问题、提出解决策略、决定解决策略、按照策略采取行动和评价行动效果。每个维度都包括 5 道题，整套问卷共 25 题，包括正向叙述和反向叙述。问卷信度检测结果得到克朗巴哈系数（Cronbach's Alpha）为 0.895，表明问卷内容是可靠的。

表 5-5 前后测试卷结构

考 点	题目类型数量		分 数
	判断题	选择题	
杠杆	2	3	5
齿轮	2	3	5
滑轮	2	3	5
总计	6	9	15

3. 作品评价

为了客观地评价学生的作品，我们设计了作品评价表，改编自台湾师范大学林育冲博士的科技作品评价量表，从新奇性、实用性、完整性、健壮性和艺术性 5 个维度评价学生的最终作品。每个维度均包括 1～4 共 4 个等级，"1"表示"差"，"4"表示"优秀"，老师利用这个评价标准为每个小组学生最后的作品打分。

4. 学习过程记录单

学习过程记录单主要是用来记录学生对活动任务的解析过程。通过分析学生解决问题的思维过程，探究学生如何解决活动任务过程中存在的问题。通过学生在学习过程记录单的反馈可以进一步定位到出现问题的环节。

描述问题主要是帮助学生确定要完成的任务和需要解决的问题，进一步明确项目任务设计的限制条件和问题的需求内容。学生学习过程记录单为方便学生明确任务提供了一个统一的描述问题的格式。

分析问题主要是针对问题情境中的限制条件进行研究，对以往的问题解决方案进行对比分析，找出解决问题的关键点。

设计方案主要是在对前人分析的基础上，结合个人知识经验，对任务的解决提出所有可能完成的设计途径或方法。

方案分析主要是对上一步中所提出的所有解决方案的细致分析，从技术性、时间性、独创性等方面进行平衡分析，进而选出最佳的可行方案。

5．行为观察

本研究还利用观察法对学生的问题解决过程进行评价。例如，分析任务的关键问题和回答概念性问题。在设计和搭建原型的过程中，助教记录每位学生的行为过程，以观察学生是如何应对、思考和接受新的挑战的，并观察学生寻找解决问题措施的方法和思考问题时修改或迭代的频率。实验收集到的数据用来描述学生知识建构的过程，帮助研究人员分析学生解决问题的过程。

动动脑筋思考

在工程设计的小学科学 STEM 教育活动研究中，为什么要进行前后测试？

【研究结果分析与评价】

为了比较工程设计教学模式和普通教学模式对教学效果的影响，需要对实验过程中实验组和控制组学生的学习成绩和问题解决能力的数据进行统计分析。

在分析之前，这里先给大家补充一下统计学中关于 p 值和 z 值的知识。统计学中的"零假设"概念又称原假设，是指进行统计检验时预先建立的假设。也就是说，在检验结果前，先假设这些结果在一个数值区间内，这个区间一般是符合某种概率分布情况的，若真实结果偏离了设定的区间，则表示发生了小概率事件，这样原来的假设就不成立了。这与中学化学的 pH 值概念一样，即 pH 试纸的标尺从中间向两边延伸来表示酸碱度。

统计学中的 p 值和 z 值也类似于中学化学中的 pH 值，是用来衡量空间分布模式的，而且最关键的是它的值也有一个与 pH 试纸一样的参考标尺。空间分布的模式一般分为三种：离散、随机和聚合。离散是指观测的每个数据之间的差异程度，离散程度越大，差异性越大。聚合与离散正好相反，它表示在一定区域内的数据之间的相关程度，聚合程度越大，相关性越大。随机是指纯粹的无模式，既不能从随机数据中获取结论，又无法发现规律和模式。一般在获取数据后，我们都要进行零假设，然后验证数据是否具有随机模式，若数据很大的概率是随机模式，则这份数据几乎丧失了可分析性。

p 代表概率，它反映某个事件发生的可能性大小。在空间相关性分析中，p 表示所观测到的空间模式是由某个随机过程创建而成的概率。例如，若计算出来的 p 值为

1，则表示用于计算的这份数据 100%是随机生成的结果；若计算出来的 p 值为 0.1，则表示用于计算的这份数据只有 10%的可能性是随机生成的结果。

这样看来，p 值越小越好，但是小到什么程度才是最好的呢？这是一个值得思考的问题。z 值表示标准差的倍数，简单来说，它能反映一个数据集的离散程度。数据高度聚集和高度离散都是小概率事件。若计算出来的 p 和 z 分布在两端，则说明数据出现随机模式的概率非常小。总体来说，p 表示数据来源的可靠性，z 表示此数据具有明显的规律。从统计学意义上讲，p 值小于 0.05 可以表示该数据是随机生成的概率较小，z 值大于 1.96 说明该数据呈现明显的聚类特征。一方面，我们可以在统计结果中报告 t 值，通过对比 t 值表查找给定显著性水平下的 p 值；另一方面，我们也可以报告 p 值或 z 值，直接判断统计结果是否显著。为了便于读者阅读，本书统一报告 p 值。

通过统计分析，我们发现：①实验组和控制组的学生在科学成绩上都有显著提高；②实验组的学生在问题解决能力方面相比控制组的学生有显著改善；③实验组的男生解决问题的能力比实验组的女生解决问题的能力提高显著。

◇ 分析与评价——对科学成绩的影响

本实验共发放了 60 份成绩测试卷（包括 30 份前测试卷和 30 份后测试卷），回收有效测试卷 60 份。统计过程分别对实验组与控制组学生的前后测试成绩进行无参数检验中的相关样本 t 检验，发现两组学生的后测试成绩均显著高于前测试成绩，结果如表 5-6 所示。

表 5-6　实验组和控制组前后测试成绩的统计情况

小组	N	前测试成绩		后测试成绩		增量	p
		均值	标准差	均值	标准差		
控制组	15	7.733	1.668	10.733	2.576	3.000	0.003
实验组	15	7.800	1.699	10.867	2.356	3.067	0.003

从表 5-6 中可以看出控制组学生与实验组学生的学习成绩都平均提高了 3 分左右。提高的分数是否达到统计学中显著意义水平的值，我们通过表 5-6 可以看到 p 值均为 0.003，小于统计学意义上的 0.05，达到显著性水平，进而可以充分说明数据的有效性。正常来说，学生在接受新知识的学习和巩固后，学习成绩能够得到提高。

为了进一步研究控制组和实验组两种教学模式对学生学习成绩的提高是否存在

差异，我们可以对学生前后测试的成绩增量（后测试成绩减去前测试成绩）进行 t 检验，对比两个组别的学生在提高成绩方面是否也存在某种程度的差异，结果见表 5-7。

表 5-7 学习成绩增量独立样本 p 检验

学 习 成 绩	小 组		p
	控 制 组	实 验 组	
成绩/分	3	3.067	0.949

从表 5-7 的统计结果可以看出，两组学生学习成绩增量的 p 值均为 0.949，大于统计学意义上的 0.05，这表明两种学习方式在促进学生学习成绩提高方面并不存在显著的差异。导致该结果可能的原因是：相对于学校传统的科学课堂教学，该活动在对引入乐高学具的教学过程中，提高了学生学习的兴趣和积极性。学生通过借助乐高这类学具，在"做中学"的活动中亲身探索实践，加深了他们对知识概念的理解，在一定程度上有效提高了学生的学习成绩。另外，也可能由于主题任务属于中低难度，因此实验组未能表现出显著的优势。在后续的研究中，我们可以进一步设置不同难度系数的主题任务深入探讨基于工程的乐高活动对学生学习成绩的影响。

◇ 分析与评价——对学生解决问题能力的影响

许多研究已经证明了工程设计教学模式在问题解决的诸多方面取得的效果，如问题解决的策略、问题解决的态度等，但这些研究却缺少集中对问题解决能力方面的研究。尽管 Lindh 和 Holgersson 从基于设计的活动对学生解决逻辑问题的能力进行了研究，但并未从中得出有效结论，学生解决逻辑问题的能力并没有得到显著提高。为了进一步探究工程设计教学模式是否能够有效提高学生解决问题的能力，本研究通过将工程设计的教学方法融入科学教学中，探究学生在科学学习过程中问题解决能力的变化。

本实验共发放了 60 份关于问题解决能力问卷（包括 30 份前测问卷和 30 份后测问卷），回收有效问卷 60 份。问题解决能力问卷共由 5 个维度组成：明确问题、提出解决策略、决定解决策略、按照策略采取行动和评价行动效果。每部分都包含 5 道题目，共计 25 题，每题根据学生的选项"从来不会""很少会""经常会""每次都会"进行打分，分别为 1~4 分。为了了解两个组别的学生在接受两种教学模式后，各自在问题解决能力方面是否有所提高，这里分别对实验组学生与控制组学生在问题解决能力方面的前后测试成绩进行 t 检验，结果见表 5-8。

表 5-8 实验组与控制组学生在问题解决能力方面的前后测试成绩统计

小组	N	前测试成绩		后测试成绩		增量	p
		均值	标准差	均值	标准差		
控制组	15	81.400	11.587	78.733	12.792	−2.667	0.223
实验组	15	80.533	12.252	84.533	12.558	4	0.063

根据表 5-8 可以看到，控制组学生的问题解决能力成绩增量 $p=0.223$，未达 0.05 的显著性水平，表明普通教学模式不能促进学生问题解决能力的提高。在实验组中，学生的问题解决能力成绩增量 $p=0.063$，虽然未达统计学上 0.05 的显著性水平，但达到边缘性显著，可以说明工程设计教学模式可以促进学生问题解决能力的提高。

为了进一步探究两种教学模式对学生问题解决能力影响的差异性，这里需要整体对两组学生问题解决能力得分的增量进行分析，测得 $p=0.029$，达到显著性水平，这说明工程设计教学模式能更好地提高学生问题解决的能力。

从上面分析可知实验组学生相对于控制组学生在问题解决能力方面有了提高。为了深入了解实验组的教学模式具体促进了学生哪方面能力的提高，这里我们对实验组的问卷做了进一步深入分析。实验中采用的问题解决能力问卷共包含了 5 个维度，分别为明确问题、提出解决策略、决定解决策略、按照策略采取行动和评价行动效果。根据分析结果可知，工程设计教学模式在提高学生解决问题的能力上达到边缘性显著。

为了进一步探讨工程设计教学模式的作用，研究者对实验组的学生在每个维度上的能力变化均进行了 t 检验，结果见表 5-9。

表 5-9 问题解决能力的 5 个维度统计

维 度	前 测		后 测	
	均 值	标 准 差	均 值	标 准 差
明确问题	16.733	3.327	17.467	3.021
提出解决策略	15.533	3.137	16.333	3.478
决定解决策略	15.733	3.807	17.800	3.005
按照策略采取行动	16.067	2.549	15.400	2.947
评价行动效果	16.467	3.543	17.533	2.850

通过统计结果发现，在问题解决能力的 5 个维度中，实验组的学生只有在"决定解决策略"这个维度达到了 0.05 的显著性水平（$p=0.023$），表明实验组的这种教学模式对学生在"决定解决策略"的能力方面有显著的提高作用。总体来说，这可能有两方面原因。

首先，工程设计教学模式为学生的科学学习提供了一个很好的脚手架。在这个教学过程中，学生通过情境创设，提出一个开放性的非良构问题，并通过工程设计教学模式来一步一步地指导学生构建自己的问题。学生在设计卡片上将所有可能的解决方案画出来，然后与小组成员进行讨论并修改方案。学生使用学习任务单中设计的方案评价表（如图 5-5 所示），从创意性、牢固性和美观性等方面对每个解决方案都进行评价。学生通过评价表的综合分析和整合，最终选出一个最优解决方案。这个过程为学生提供了解决问题的最优策略和途径，帮助学生快速、准确地寻找最优解决方案。

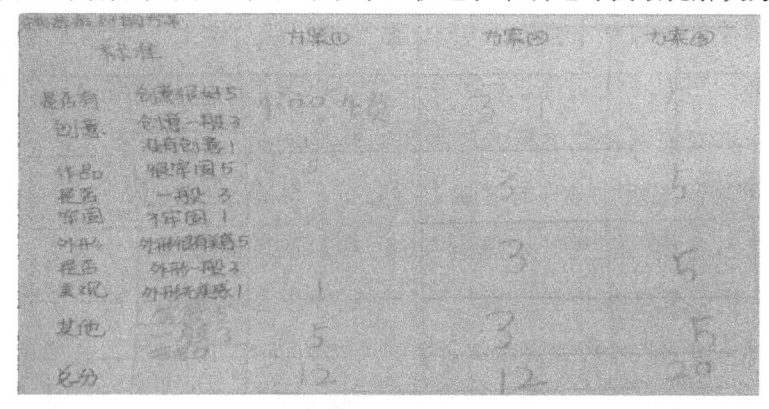

图 5-5　方案评价表

在研究过程中，我们也发现控制组中的有些小组在解决问题的开始阶段要么进行简单、草率的讨论，要么直接进入作品搭建的环节，并没有对问题的本质和限制条件进行认真细致的分析。这样就导致这些小组的学生在活动的后期阶段需要对作品进行反复的修改，增加了修改和迭代的次数。相反，实验组中的学生可以在学习任务单的指导下有步骤地分析和选择作品的物理结构，因此这种工程设计教学模式在一定程度上能够帮助学生更快地搭建作品，还能够有效减少学生对作品修改的次数和重新迭代的次数，从而缩短搭建作品的时间。显然，工程设计教学模式可以帮助学生提高分析问题和解决问题的能力。

其次，在设计作品画草图的阶段，工程设计教学模式的应用可以帮助学生明确问题，找到解决问题的关键方法。如表 5-10 所示，在滑轮活动的学习过程中，学生对滑轮的每个解决方案的设计都比较抽象，学生几乎没有发现和找到解决问题的关键点。而在下一个活动利用齿轮搭建风扇的任务中，学生很快地抓住了解决问题的关键点，将解决问题策略的焦点放在分析齿轮大小的问题上。每个同学都重新设计并画出各自的解决方案，这是因为学生意识到齿轮是能够使风扇转动快慢的关键零件。这个现象进一步表明，运用工程设计教学模式在促进学生解决问题和策略决定方面起着重要的作用。

表 5-10　活动设计方案

活　动	方案 1	方案 2	方案 3
滑轮			
齿轮			

在研究过程中发现一个有趣的现象，关于学生在学习任务单和设计卡片上的设计作品与最终作品的对比，那些在学习任务单和设计卡片上具有较详细的设计草图的学生在最终作品成绩上多数取得了较高的成绩。在第一个活动中，实验组的学生刚开始并没有仔细考虑在后期实物搭建阶段中可能会出现的问题，这导致他们最终在设计实施过程中与最初的设计草图产生了冲突。随着活动的进行，大多数学生逐渐意识到在初期阶段系统化设计的重要性，在草图设计阶段，学生一般会有意识地预测和思考在搭建阶段过程中可能会出现的问题。这些学生在草图的设计上显得更加细致，他们的最终作品与最初设计的草图匹配度也比较高。可见，学生完成作品的程度与他们的设计草图的程度存在着联系，草图的详细设计帮助学生加深对科学内容的理解，更好地帮助他们提高解决问题的能力。

在设计草图和评价方案阶段，要求学生学会如何从多个维度去比较不同方案的优点和缺点，并且整合不同的方案成为一个最优的解决方案。这个过程使得学生能够快速地从复杂多样的解决方案中确定最优方案，有效提高学生解决问题的能力。然而，学生需要对所有可能的解决方案进行分析，在策略的产生、原型搭建和测试等过程中，学生没有获得任何指导。这个过程因为老师缺少对学生在策略思考和原型搭建方面的指导，所以导致学生在问题解决能力等其他几个维度方面（明确问题、提出解决策略、决定解决策略、按照策略采取行动、评价行动效果）并没有得到显著改善。

此外，在4次主题活动中，控制组的学生在寻找解决策略和决定解决策略过程环节中所用的时间并无明显差别。在多次协作活动中，控制组中有两个小组的学生由于前期没有经过充分讨论，因此他们没有预设到后期可能出现的难点就草率地对解决方案达成了一致意见，导致该小组的学生在后期搭建阶段出现了较大分歧，在任务完成过程中出现拖延时间、合作不愉快等情况，多次需要老师给予他们干预和帮助。而实验组的学生由于花了较多时间在寻找解决策略的环节中，并且经过前期比较系统地设计和思考，因此实验组的学生在后期的搭建阶段完成较快，花费的时间较少。这也使学生在后期的设计过程中较少出现突发的复杂性问题，这在一定程度上提高了学生克服困难的信心。可见，工程设计教学模式能够更好地提高学生解决问题的能力。

◇ 分析与评价——对不同性别学生解决问题能力的影响

为了探究实验组中男生和女生在问题解决能力方面的提高（后测试成绩减去前测试成绩）是否存在差异，研究者分别对两个班的男生和女生在问题解决能力方面前后测试成绩的变化进行了无参数检验中的独立样本 t 检验，结果见表 5-11。

根据表 5-11 可知，工程设计教学模式对问题解决能力的影响方面，控制组男生的平均成绩提高了 0.1 分，女生的平均成绩降低了 8.2 分。在实验组学生解决问题的能力达到了 0.05 的显著性水平（$p=0.012$），且男生的平均成绩提高了 6.8 分，女生的平均成绩反而降低了 1.6 分，表明这种工程设计教学模式对提高男生解决问题的能力有更显著的作用。

表 5-11 男生和女生在问题解决能力方面前后测试成绩的统计

小组	性别	N	前测试成绩		后测试成绩		增量
			均值	标准差	均值	标准差	
控制组	男生	10	81.700	11.908	81.800	13.538	0.1000
	女生	5	80.800	12.256	72.600	9.476	−8.2000
实验组	男生	10	79.000	12.605	85.800	12.717	6.8000
	女生	5	83.600	12.260	82.000	13.267	−1.6000

总体来说，工程设计教学模式与普通教学模式相比，二者均能显著提高学生的学习成绩，不存在显著差异。而在学生解决问题能力方面，普通教学模式不能促进学生解决问题能力的提高；但是工程设计教学模式可以提高学生解决问题的能力，尤其是在促进学生"决定解决策略"的能力方面具有显著作用。同时，工程设计教学模式在提高学生解决问题能力方面存在明显的性别差异。对于该结果可能有以下两个原因：

（1）通过课堂观察发现，无论是控制组还是实验组，每个小组的协作过程主要都由男生主导。在问题的讨论和分析过程中，男生更愿意积极提出和分享自己的观点，而女生在活动过程中更多扮演协助的角色。这导致女生缺少参与思考和动手的机会，在遇到问题和难题时更多采取顺从的态度，导致在解决问题的过程中缺乏成就感。

（2）通过查阅大量已有的关于乐高研究的文献发现，女生在乐高动手搭建这类活动中并不是特别擅长，并且在乐高搭建这类活动中并没有突出的优势，但在其他活动中女生可能具备较强的解决问题的能力。Lin 通过乐高的物理力学系统的项目来试图探讨性别角色在干扰科学学习方式中的发现，大多数女生对在乐高的动手操作中并不擅长，进而导致她们在其设计的物理力学操作系统学习过程中表现出消极的态度。

动动脑筋思考

简单谈谈在 STEM 教育研究设计中教学评价方案涉及的维度。

5.4 CIL 教学研究案例

接下来的这个 STEM 教育研究案例是 CIL 的 STEM 教学研究与实践，实验对象是北京某高校教育技术专业本科三年级学生。在研究期间开展了三轮迭代研究，在每轮设计实施后都进行了深刻的评价与反思，上一轮的反思部分成为下一轮需要完善的部分。在迭代的基础上，详细对比三轮迭代中教学环节设置和教学内容的变化，深入探讨、分析 CIL 教学模式的效果。

第一轮迭代研究

◇ 设计与实施

第一轮迭代研究于2012—2013学年春季学期进行。本轮迭代研究一共持续16周，每周进行3小时的教学，共有北京某高校28名教育技术专业本科三年级的学生参加。将参加研究的28名学生分为7组，每组4人。参加课程的学生都有C语言等编程基础，但是只有少部分学生接触过乐高机器人的搭建与编程。

第一轮迭代研究的重点在于结合CIL教学模式与智能机器人课程的特点，对具体的教学活动和课堂教学实践环节进行设计。为了激发学生探究学习的兴趣，本轮迭代研究以"挑战"为主题，共设计测距机器人、巡线机器人、机枪机器人等9项任务，平均每项任务进行2周。

在教学环节方面，本轮迭代研究设计了上节回顾、难点讲解、新的挑战、成果展示4个教学环节。在这些环节中，减少了老师的讲解内容，给予学生更多的探究时间和课堂主动权，由老师和助教在学生自主探究的过程中给予指导，使得大部分知识通过学生自主探究学习得到。

本轮迭代研究主要采用质性的评价方式。在每次任务进行过程中，由老师和助教对每组学生的表现和问题进行记录。在每次任务结束后，每个小组填写一份实验单，对课堂表现和小组协作情况进行记录和反思。在课程结束后，每位同学通过实验单对课程进行评价和反思。

◇ 评价与反思

在第一轮迭代研究的开展过程中，学生对于这种新的课程形式表现出了极大的兴趣，课堂气氛活跃，自主学习的积极性得到了很好的激发。除上课时间外，学生多次主动要求开放实验室，利用课余时间完成任务。不过，部分小组在完成任务的压力下，上网查询了相关任务的搭建手册，并按照手册进行搭建，这导致作品的原创性不足，不利于对学生探究能力的培养。

在课程总结中，有学生提到："整个课程对于图纸的依赖性太强，这样就减小了自己创造的空间，而且对于自己的能力又没有什么挑战，感觉就是在非常机械地搭建外形……"。也有学生反映："对于一些构造、连接方法等问题还不是十分了解"。在协作方面，通过观察发现4人小组在协作过程中会出现分工困难的问题，导致部分成员参与度较低。

结合教学团队的观察和学生的反馈，本次课程所采用CIL教学模式能够很好地调动学生的积极性，对于知识的学习，老师只讲解核心内容，其余内容由学生在完成任务的过程中进行知识的建构，这样的教学模式提高了学生自主探究的能力，同时也在一定程度上提高了学生的创造力，达到了预期的教学目标，可以满足智能机器人课程的要求。

在观察中也发现了课程任务过重、老师讲解偏少及学生物理搭建能力偏弱等问题。因此，在下一轮迭代研究中，需要在以下几个方面进行改进：

（1）在任务设置方面，一方面需要降低每次任务的难度，让学生可以在规定时间内完成任务；另一方面需要增加针对机器人物理搭建方面知识的讲解，使学生的知识体系更加完整。

（2）在课堂环节的设置方面，应该增加老师讲解的比重，对探究过程中的难点和容易忽略的知识进行讲解和引导。

（3）在课程评价方面，除课堂观察、实验单和课程总结等质性方法外，应该增加量化方法，进而更加准确和全面地反映课堂情况。

动动脑筋思考
说说第一轮迭代研究存在的不足及对应的改进方法。

第二轮迭代研究

◇ 设计与实施

第二轮迭代研究于2013—2014学年春季学期进行。本轮迭代研究一共持续了16周，每周进行3小时的教学，共有25名教育技术专业本科三年级的学生参加。将25名学生分为8组，其中一组是4人，其余7组均是3人。与第一轮迭代研究相似，参加课程的学生在此之前有C语言等编程基础，但是只有少部分学生接触过乐高机器人的搭建与编程。

针对第一轮迭代研究反映出的问题，课程的安排进行了如下调整：

（1）在任务设置方面，本轮迭代研究将任务拆分为热身任务和挑战任务，并降低了任务的难度。本轮迭代研究共设计了9个热身任务和11个挑战任务，在课程前期，专门增加了智能机器人物理搭建的相关知识和任务。

（2）在教学环节方面，本轮迭代研究将上一轮的4个教学环节扩展为上节回顾、热身任务、难点讲解、挑战任务、成果展示5个教学环节，并在上节回顾和难点讲解环节中增加了老师讲解的比重。

（3）值得一提的是，本轮迭代研究还对课程任务进行了情境化表述，使任务更容易与学生的经验联系起来。同时，针对师范院校学生的特点，增加了"智能机器人教育应用"这个新的主题，进一步提高课程的实用性。

（4）在课程评价方面，本轮迭代研究增加了课程效果的评价问卷，该问卷共设29道题，从整体课程满意度、教学环节满意度和教学任务满意度三个方面对课程进行评价。

✧ 评价与反思

本轮迭代研究的整体任务难度较第一轮迭代研究的整体任务难度有所下降，但任务主题更加多样化，学生的探究能力得到更好的激发，作品创新度有所提高，例如，新增的"音乐高手"任务在课后的满意度调查中得到了学生的一致好评。在整个迭代研究的实施过程中，除3个较为复杂的任务占用学生课外时间外，其他大部分任务学生都能在课堂规定时间内完成并展示。

在搭建过程中，我们不允许学生使用互联网进行资料的查找，但是学生可以利用老师提供的若干基础性的指导手册。在此基础上，所有小组均完成了规定的任务，并且作品搭建的复杂度和创新度都达到了较高的水平，这表明学生探究能力有所提高。

在协作方面，我们限定了每个协作小组的人数为3人，仅有一组由于有旁听生的加入为4人。观察发现，3人协作小组分工明确，成员参与度都比较高。不过，大多数小组在每次任务中分工比较固定，这在一定程度上限制了学生综合能力的提高。

在课程结束后，本轮迭代研究共发出20份关于课程效果的评价问卷，有效回收问卷20份，回收率100%。调查结果显示，在对教学环节的满意度方面，77.78%的学生认为上节回顾对自己有启发或很有启发，86.11%的学生认为热身任务能够帮助自己发现任务的关键问题，同时77.78%的学生认为热身任务可以提升自己对任务的兴趣。75%的学生认为难点讲解可以帮助自己对关键问题的理解，并帮助自己完成挑战任务。在针对挑战任务的评价中，86.11%的学生认为挑战任务激发了他们的潜能和创意，80.56%的学生认为挑战任务促进了他们编程与物理搭建等方面知识的综合运用，88.89%的学生认为成果展示扩宽了自己的设计思路，83.33%的学生认为成果展示对完善设计有帮助，86.11%的同学对教学环节的总体安排感到满意。

学生对教学环节的满意度同样也体现在学生的总结报告中，所有学生都对课程的形式和内容进行了赞许。学生认为该课程的形式与其他课程有较大的区别，给予了他们足够的时间和空间进行探究，提高了他们的创新能力，同时在小组合作完成任务的过程中，个人的团队合作能力也得到了提高。同时，学生对课程的改进也提出了宝贵的建议，如有学生提出"实验单可以更加细化，总结分为物理和编程两方面，同时加上自己的设计亮点"；部分学生提出"在学期期末大家可以评选出最受欢迎的主题任务，作为以后学期的课程任务的备选"；还有学生提出"希望老师多讲一些关于编程方面的知识"等。

结合教学团队的课堂观察及学生的反馈，在下轮迭代研究中需要注意和改进的问题有：

（1）课程的教学环节基本已经适应了教学的需要，但是具体任务还需要根据学生自身特点进行适当调整。

（2）课程评价需要进一步科学化、客观化及多样化。前两轮迭代研究的评价与反思多以小组为单位，下一轮迭代研究应该更加注重个人反馈。同时，对于每次任务也都应该有独立的、客观的评价标准。

动动脑筋思考
说说第二轮迭代研究有哪些地方需要改进。

第三轮迭代研究

◇ 设计与实施

第三轮迭代研究于2014—2015学年秋季学期进行。本轮迭代研究一共持续10周，每周进行3小时的教学，共有21名北京某高校教育技术专业本科三年级学生参加，其中有少数其他专业的学生参加。将参加研究的21名学生分为7组，每组3人。参加课程的大部分学生学过C语言等基本编程知识，只有少部分学生接触过乐高机器人的搭建与编程。

针对第二轮迭代研究中发现的问题，课程的安排进行了如下调整：

（1）在课程评价方面，本轮迭代研究首先细化了每项任务的评分标准。在本轮迭代研究中,对每次课程中的挑战任务都给出了独立的评分标准,评分标准从任务完成情况、实验单填写和创新度三个方面进行评价。每次评分均由老师和助教独立操作以保证评分的客观性。

(2)本轮迭代研究对用于反思总结的实验单进行了修改,删除了难以估计的时间记录,增加了课程总结的内容。要求学生从物理搭建、编程和小组协作等方面对课堂情况进行全面的反思。同时为了更加全面地反映学生的学习情况,实验单的填写也由小组填写变为个人填写,要求每个学生课后都需要填写实验单。

◇ 评价与反思

本轮迭代研究的任务难度适中,所有任务都能在课内时间完成。在小组协作过程中,为了防止小组内分工的固化,老师鼓励学生组内分工进行轮换。这种方式使得学生掌握的知识更加全面,学生均可以承担不同的任务。在完成任务的过程中,学生坚持自主设计,没有利用互联网查找相关的搭建方案,通过组内的探索,确定一个合适的搭建方案。这种方式使得学生的专业优势得以发挥,搭建的创新度很高,学生的探究能力和创新能力得到提高。除此之外,课堂的气氛很好,在热身任务和挑战任务中,学生都非常积极、活跃,讨论比较热烈,课堂效果良好。

为了更好地了解学生在课程中小组的协作方式,本轮迭代研究对各小组的协作情况从组内的协作模式、问题解决方式及情感交流三个方面进行了观察。观察发现有以下三种比较典型的协作模式。

1. 一人领导型

在该类协作模式中,有一位较为强势的小组领导(组长)。组长对物理搭建和编程的熟悉程度较高,主导任务的解读及作品的设计。当小组遇到问题时,由组长进行决策,小组内的其他成员辅助组长完成。这类小组解决问题的效率较高,但是组内的交流比较少,并出现组内成员被边缘化的情况。

2. 协商讨论型

在该类协作模式中,每位成员都处于较为平等的地位,在遇到问题时由小组成员共同讨论并协商解决,小组成员有明确的分工,并在任务开始前会进行较为充分的沟通。这类小组情感沟通比较充分,相互鼓励和支持的次数较多,完成任务的创新程度也较高。但是此类协作模式需要学生进行较多的反思和总结,在课程前期容易发生分工不明确的现象,而在课程后期容易发生分工固化的现象。

3. 协调合作型

在该类协作模式中，由两名学生分别承担编程和物理搭建工作，而另一名学生（协调者）往往不承担任何工作，但是对组内的气氛调节起到重要作用。当小组遇到问题时，协调者会帮助其他组员间进行沟通以共同完成任务。这类小组沟通频率高，但是负责编程和物理搭建的学生容易发生争执，需要协调者介入。

在第三次迭代研究中，我们对学生作品进行分析和评价。在每次课程后，教学团队对学生任务的完成质量与方案创新程度进行评分，评分结果分别如图 5-6 和图 5-7 所示。

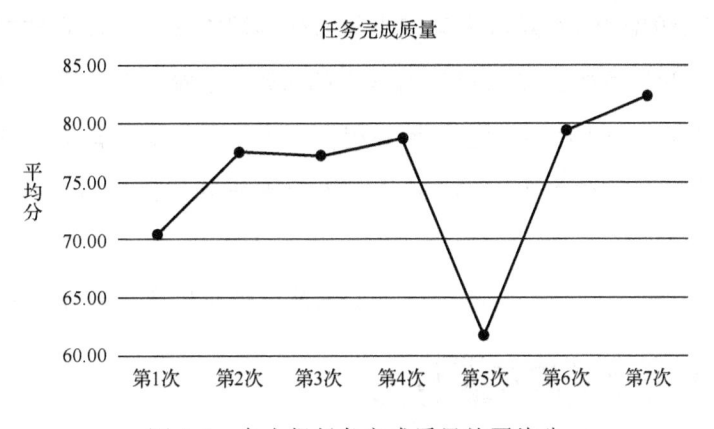

图 5-6　各小组任务完成质量的平均分

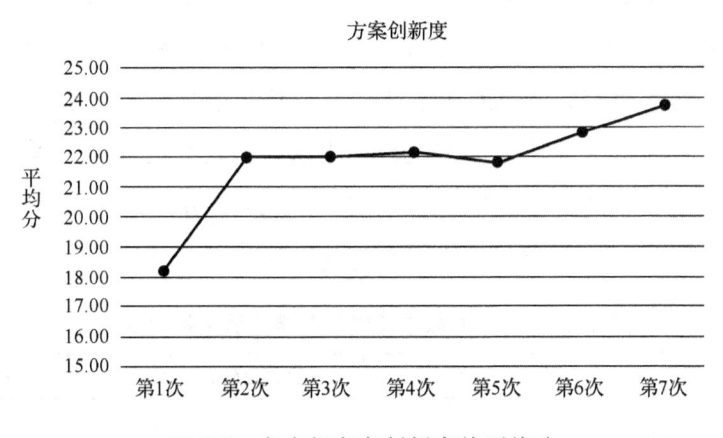

图 5-7　各小组方案创新度的平均分

从图 5-6 中可以看出，从作品质量上来看，随着课程的进行，任务的完成质量在不断提升。第 5 次出现的波动是由于任务难度过大造成的。而在第 6 次的延续性任务中，任务质量又得到了显著提高。

学生的实验单和课程总结也体现了类似的评价。在本轮迭代研究中，课程的教学形式及任务设置达到了 CIL 教学模式的要求，对学生探究能力、协作能力和创新能力的提高有显著的效果。

在本轮迭代研究结束后，对学生进行了调查，调查问卷沿用了上一轮问卷中对学生自我满意度、课程安排、任务设置和课程整体满意度的问题，增加了课程对学生探究能力及协作能力的促进作用的调查内容，问卷共 28 道题。发出问卷 21 份，回收有效问卷 21 份，回收率 100%。

总体来看，80.56%的学生对课程采用的"先探索、后讲解"的教学模式感到满意或非常满意，88.89%的学生对课程采取小组协作学习方式感到满意或非常满意，同时 88.89%的学生认为课程提升了自己对机器人的兴趣。在提高学生的探究能力、协作能力与创新能力方面，76.19%的学生认为课程提高了自己的探究能力，85.71%的学生认为课程提高了自己的协作能力，83.33%的学生认为课程提高了自己的创新能力。

动动脑筋思考

说说第三轮迭代研究有哪些地方需要改进。

CIL 中教学环节设置的变化

通过三轮迭代研究，在 CIL 教学模式下，形成了上节回顾、热身任务、难点讲解、挑战任务和成果展示 5 个教学环节，以及任务评价表、实验单和课程总结三种评价方式。

通过三轮的迭代研究，课程的教学环节符合 CIL 教学模式的基本要求，评价方式可以较好地反应学生的学习情况，满足教学需求。在教学过程中，学生的探究能力、协作能力与创新能力都得到了提高。表 5-12 与表 5-13 分别对三轮迭代研究的教学环节设置的变化和教学内容的变化进行了总结与对比。

表 5-12　在 CIL 教学模式下教学环节设置的变化

具体内容		第一轮研究	第二轮研究	第三轮研究
初探		无	热身任务	
解释		难点讲解		
加工		挑战任务		
分享		课堂展示，平台展示		
评价	评价方式	形成性评价和总结性评价		
	评价标准	老师与助教的课堂记录 小组实验单与个人课程总结		每节课的评分表 个人实验单与课程总结
反思		上节回顾、个人课程总结		
		小组实验单填写		个人实验单填写

表 5-13 在 CIL 教学模式下教学内容的变化

具体内容	第一轮研究	第二轮研究	第三轮研究
上节回顾	回顾上节课的核心知识以及物理搭建情况		添加图片、每个小组的反思结果
热身任务	无	与本次课程主题相关的简单任务	
难点讲解	讲解的知识很少，主要解决上次任务的难点问题	加强物理搭建知识的讲解，对本次课程及热身活动中的难点进行讲解	
挑战任务	任务较难	情境化任务	为同一个主题增添单元任务
成果展示	评价标准较模糊，实验单由小组完成		细化评分标准，为每个挑战任务都设置量化评分表格，实验单由个人完成

动动脑筋思考

说说对三轮迭代研究可以做哪些调整和改进。

CIL 教学模式的效果分析

通过三轮迭代研究，基于对学生的学习效果、课堂反馈及教学团队的观察与总结，可以看出 CIL 教学模式能够较好地提高学生的探究能力和协作能力，进而促进学生创造力的提高。

在提高学生协作能力方面，通过对小组的实验单、课程总结的分析及教学团队的实际观察等结果进行分析可知，在课程进行的过程中，各个小组除在观察指标上保持较高的协作水平外，在具体的协作策略和方式上也得到了改进，小组内的分工趋于合理、协作策略也逐渐高效，体现了小组协作能力的提高。如某小组在实验单中写道："从刚开始做实验时的大家一起动手，到之后的有一定分工的各司其职，再到我们目前的这种模式，我们一直在寻找、实践、总结一种更高效的小组协作模式，使得小组工作效率越来越高。"也有学生在课程总结中表达了类似的看法："在课堂上我们的所有课题都是通过小组共同完成的。我们之间需要讨论、商量来确定最终方案，需要团队之间的信任、鼓励、支持来共同完成任务"。由此可见，CIL 教学模式可以在协作策略的完善和协作效率的提升方面有较好的效果。

提高学生的探究能力、协作能力和创新能力主要体现在两个方面：一方面，各小组的任务完成程度逐步提升；另一方面，机器人搭建的复杂程度、健壮性及物理搭建和程序之间的协调程度逐步提升。总之，各小组的作品质量不断提高。

学生在方案的创新程度上也体现了上升的趋势。如学生在设计方案时，初期会比较依赖互联网上的图纸，然后逐渐摆脱图纸、平面的照片和模型等。到课程后期，大部分小组会将任务与自己的经验相联系，自主进行方案的设计和开发，体现出探究能力和创新能力的提高。在小组的总结报告中，学生除认为课程对自己的探究能力、创新能力有提高作用外，还要求任务的设置给予学生更多的自由空间，这也从一个侧面表现了其探究能力和创新能力的提高。

◇ 优势与特点

CIL 教学模式有以下 5 大优势：

（1）阶梯任务的设置有利于学生在掌握基本知识的基础上进行探究、创新。在教学实施过程中，热身任务用来进行基本知识的教学，而挑战任务注重学生探究能力与创造能力的发挥。二者相互配合但是又有一定难度上的差异，使得学生可以在掌握基本知识的前提下进行探究和创新。

（2）扩大学生的活动空间，提高学生积极探究的热情。CIL 教学模式强调"以学生为主"的探究学习，课堂的大部分时间由学生自主把控，老师和助教扮演辅助者与引导者的角色，不干预学生的设计，给予学生足够的自主空间。在这种方式下，学生自主探究的意愿增强，并且能够充分发挥积极性，同时促进其创新能力的提高。

（3）组内和组间的协作有利于学生取长补短、相互学习，进而改善学习效果。在 CIL 教学模式中，不仅强调组内学生的相互分工与协作，而且强调不同小组间的沟通与相互学习。通过这种方式，小组内的想法不仅可以得到充分交流，而且当小组内部遇到问题时可以通过组间交流使问题得到迅速解决，好的想法和创意也可以快速地共享，达到了良好的学习效果。

（4）及时地反思与总结促进了学习的深化。除当次任务结束后的展示环节外，该教学模式还提供了实验单、任务评价表和课程总结等多种反思与总结方式，使得学生可以及时总结在课程进行过程中探究、协作方面的优势与不足，及时修改并逐步完善方案。

（5）老师在关键环节对学生的指导可以提高学生的学习效率。老师在课程进行过程中，对学生提出的问题，以及完成任务所需的基础知识、关键知识进行讲解，同时解决一些关键问题，这样有利于学生进行知识的迁移和整合，可以提高探究效率，达到更好的学习效果。

◇ 应用与实践

在 CIL 教学模式的应用实践中，需要注重任务设置、协作分组及老师角色的转换。

任务设置是 CIL 教学模式课程设计的核心，是学生进行探究的主要对象，在进行任务设计时应该注意以下 4 个方面的问题。

（1）任务难度要适中，并且根据学生自身情况及时调整。

（2）任务要具有延续性和阶梯性。

（3）合适的、情境化的任务表述。

（4）任务要有明确的评价体系。

在协作分组方面，需要注意控制小组的规模，一般以 3~4 人为最佳。在本研究中，针对一套乐高积木，3 人为一个小组是完成 CIL 教学的合适规模。在分组时需要进行异质分组，考虑学生的性别、专业等。此外，应该鼓励学生在任务中进行角色互换，避免角色的固化。

不同于讲授式的课堂教学，在此类教学模式中，老师更多承担着引导者的角色。老师需要针对性地选择关键内容进行讲解，包括完成任务的基础知识、容易忽略的细节及重/难点的讲解。同时，老师需要在学生自主探究过程中进行更为细致的课堂观察和个性化的实时指导。另外，要注意对学生的价值引导，防止学生在学习时出现避重就轻、趋于雷同等现象。

动动脑筋思考
CIL 教学模式是如何发挥 STEM 教学优势的？

参考文献

[1] Fortus. D, Krajcik. J, Dershimer. R. C. Marx. R. W. Mamlok-Naaman. R. Design-based science and real-world problem-solving[J]. International Journal of Science Education，2005，27(7)：855-879.

[2] Reeves. T. C. Design research from a technology perspective[J]. Educational design research，2006，1(3)：52-66.

[3] Reeves. T. C, Herrington. J, Oliver. R. A development research agenda for online collaborative learning[J]. Educational Technology Research & Development，2014，52(4)：53-65.

[4] 焦建利. 基于设计的研究:教育技术学研究的新取向[J]. 现代教育技术，2008，18(5)：5-11.

[5] Weiss. I, Pasley. J, Smith. P, Banilower. E, Heck. D. Looking inside the classroom: A study of

k-12 mathematics and science education in the United States[M]. Chapel Hill, NC: Horizon Research, Inc, 2013.

[6] Walkington. C, Arora. P, Ihorn. S, Gordon. J, Walker. M. Abraham. L. et al. Development of the uteach observation protocol: a classroom observation instrument to evaluate mathematics and science teachers from the uteach preparation program[M]. Preprint, 2011.

[7] Shah. A. M, Wylie. C, Gitomer. D, Noam. G. Improving stem program quality in out-of-school-time: tool development and validation[M]. Science Education, 2008.

[8] 江丰光, 蔡瑞衡. 国内外STEM教育评估设计的内容分析[J]. 中国电化教育, 2017(6): 59-66.

[9] 董陈琦岚. 基于STEM项目学习的学生能力评价研究[D], 天津师范大学, 2012.

[10] Hardy. P, Aruguete. M. Needs assessment in stem disciplines: reliability, validity and factor structure of the student support needs scale (ssns)[J]. Assessment & Evaluation in Higher Education, 2014, 39(5): 553-562.

[11] Unfried. A, Faber. M, Stanhope. D. S, Wiebe. E. The development and validation of a measure of student attitudes toward science, technology, engineering, and math (s-stem)[J]. Journal of Psychoeducational Assessment, 2015, 33(7): 110-115.

[12] Ramful, Ajay Lowrie, Thomas Logan, Tracy. Measurement of spatial ability: construction and validation of the spatial reasoning instrument for middle school students[J]. Journal of Psychoeducational Assessment, 2007, 35(7): 120-125.

[13] 祝智庭, 雷云鹤. STEM教育的国策分析与实践模式[J]. 电化教育研究, 2018(1): 75-85.

[14] Li. Y, Huang. Z, Jiang. M, Chang. T. W. The effect on pupils' science performance and problem-solving ability through lego: an engineering design-based modeling approach[J]. Journal of Educational Technology & Society, 2016, 19(3): 143-156.

[15] 包昊罡, 康佳, 李艳燕, 齐虎春. 基于设计的CIL教学模式创新与实践[J]. 现代远程教育研究, 2015(6): 70-78.

第6章 STEM 教育的未来与展望

6.1 STEM 教育前行之难

当今社会,科技融合创新和应用已成为国家竞争力提升的重要影响因素。纵观国内外关于 STEM 教育的研究,不论是在理论研究方面,还是在实践应用方面都存在着一些问题。当今社会,科技融合创新和应用已成为国家竞争力提升的重要影响因素。一方面,国家对 STEM 教育的顶层设计和相关政策指导是缺位的,进而导致该领域相关课程体系的残缺,以及师资培养和评价的严重不足;另一方面,国外的很多知识体系没有与国内的知识体系进行很好地衔接,本土化研究不到位造成了对课程的定位、结构等认识的模糊,以及师资培养和相关学习资源的极度匮乏等问题。

这些问题是我国推进 STEM 教育面临的重要挑战,也是 STEM 教育未来发展的主要方向。

关于 STEM 课程

✧ STEM 课程的设计

优质的课程资源是有效开展 STEM 教育的重要保障。世界各国都在 STEM 课程的内容选择与课程编排方面进行积极地探索。我国 STEM 课程开发也处于实验阶段，国家层面的课程标准和教材还没有产生，这就需要学校积极地投入相关的课程设计与建设。在进行课程设计和教学前，理清 STEM 课程与各学科之间的关系，对于确定什么才是最有价值的学习任务至关重要。

STEM 课程是顺应当前高等工程教育改革与发展所提出的一门新型课程，它注重训练学生的科学思维和创新思维，提高学生解决工程实际问题的能力。STEM 课程整合的本意在于将 4 门分支课程教学中零星、分散的知识点有机地联系成意义丰富的整体，完成课程的意义化、内化、类化及简化。目前，学校大多从基础类课程、拓展类课程和研究性课程这三个层次来整体构建 STEM 课程。然而，现实中的课程整合往往只关注到其简化的一面，主要表现为科目的简单拼合与平面化调整。比如，老师将原本分科的教材内容直接安置到 STEM 课程主题下，出现了为整合而整合、不协调等拼凑现象。这样看来，STEM 教育课程设计应当突破原有学科个体限制，围绕以学科知识为中心、以问题解决为中心的跨学科课程整合才是有效的。

（1）以学科知识为中心的整合强调以"知识"与"概念"为核心，需要对所涉及的科学、技术、工程和数学学科最基本的学科知识和概念结构进行全面的深入分析，建立不同学科知识点之间的连接点与整合点。一方面，我们可以通过绘制课程知识图谱，按照知识间的逻辑关系来组织课程内容；另一方面我们也可以遵循从核心概念出发的原则，按照相关程度形成更多与此相关的概念、原理和现象，在此基础上将概念序列化、串并联与结构化，从而形成完整的课程体系。

（2）以问题解决为中心的整合强调将知识转化为可解决实际问题的生活性知识。因此，STEM 课程整合的一个基本原则即是以生活经验为中心，解决实际问题。当然，在这个过程中，科学、技术、工程和数学知识仍然是学习的终极目标。当我们在解决实际生产生活问题时，我们想到的不仅仅是技术、设计和工程，同样也必须要考虑到设计的科学原理和规律，只有遵循这些原理和规律，才能找到问题的本质，而数学、技术等作为解决问题的工具，将得到广泛使用。

◇ **STEM 课程的开发**

课程是教育的"血液",是培养人才的重要载体。课程开发是通过需求评价确定适当的课程目标,然后根据这个目标,选择某个学科(或多个学科)的教学内容和相关教学活动进行组织、实施、评价和修订,以最终达到课程目标的整个工作过程。它与教学系统开发一样,要经历分析、设计、开发、实施和维护 5 个阶段。这 5 个阶段要形成一个整体,结合 STEM 教育自身的特点,开发 STEM 优质课程。在开发过程中,老师要充分考虑到课程资源与硬件环境。目前,在我国不少地区的中小学老师通过创课空间及个人工作室开展 STEM 教育,取得了较好的教学效果。但是,这极大地依赖于 STEM 教师的教学能力及学校有限的教学环境资源。因此,要积极地响应 STEM 教育战略,使 STEM 教育落地,就需要合理地开发适合大多数学校开展的 STEM 课程。

就我国目前开展 STEM 教育的现状而言,STEM 课程主要存在两种开发形式:一种是针对学校自身 STEM 课程研发和实施的水平相对较低的实际情况,出于学校课程建设的要求,需要花大力气进行科学的开发并积极地引入优质的 STEM 课程。这种开发形式消费极高,还存在着国外知识体系与我国教育知识体系无法准确衔接等问题。另一种是由本校的 STEM 教师根据教育科学经验及学科背景知识开发的课程,其主要依托 Scratch 创意编程、Arduino 创意电子等进行课程开发。这类课程存在形式单一、内容有限、无法激发学生的创造欲望等问题,且容易出现一些非科学化倾向,如学校课程设置需求量不断增加,因师而设课等。另外,求异现象普遍,即课程开发追求特色化,尽量开设其他学校没有开设的课程,却不知为何开设这些课程,也不知如何通过这些课程满足学生发展、民族创新的需求。由此开发的很多课程不仅低能、低效,而且会增加学生负担,根本无法担负起创新人才培养的重大使命。因此,如何让学校开设的课程为学生提供更有意义的学习和更有价值的发展、实现核心素养培养的要求成为迫切需要关注的问题。

总的来说,无论是引进购买的课程还是学校自主研发的课程都需要一个科学合理的课程开发的策略和流程。课程开发人员可以在我国原有课程模式的基础上,开发出更多主题丰富、适合我国 STEM 教育的课程资源。一方面通过结合社会教育的大背景,在课程标准的指导下,将课程资源社会化,丰富 STEM 课程体系,打破学科之间的界限;另一方面在课程标准的指导下,探索出符合学生身心发展的知识与资源,通过恰当的方式与学校教育有效衔接,使 STEM 课程成为校本课程的主要支持力量。STEM

教师对所选内容进行加工、整理、消化和吸收，然后针对课程实施过程中的问题及评价过程进行改进，最终形成一门优质的 STEM 课程。

✧ STEM 课程的实施

STEM 教育是真实问题情境下的教育，学生面临的是一个个劣构、复杂的学习问题，为了方便学生理解和掌握，老师需要把问题转化为可操作的项目，学习的实质就是解决问题和完成项目的过程。这实际是一种建构主义思想，设计复杂有意义的问题或项目，学生在老师的指导下以独立思考和同伴合作的方式，在真实情境下解决问题或完成项目，在这个过程中不断地获取和理解知识。因此，在 STEM 课程的实施过程中需要注意以下几个方面。

1. 趣味情境

中小学阶段特别是对小学阶段的学生开展 STEM 教育，在课程设计实施上要更加追求趣味性、故事情境性。学习受具体情境的影响，要针对不同的知识内容设计不同的教学情境，只有将学习融合在运用该知识的情境中，有意义的学习才能发生。在情境教学中，大多数情况下不是直接将知识呈现给学生，而是学生在老师的积极引导下先对知识进行思考、分析和推断并得出结论，再由老师进行总结和巩固知识。在 STEM 课程实施过程中，老师要寓教于乐，让学生在 STEM 情境游戏中主动发现知识与领悟知识。主题课程的实施则可以采用以故事线为载体，通过丰富、形象、有趣的形式传递知识，吸引学生以智慧的眼光去观察、发现身边的科学，不仅让学生在情境中掌握知识，而且让学生学会如何结合自己已有的知识去学习未知的知识。

2. 跨界资源聚合

STEM 是科学、技术、工程和数学的总称，但随着 STEAM 和 STEM+ 的普及和应用，一门优秀的 STEM 课程不能仅仅是多学科知识的简单堆砌，而应该是具有完整体系、多学科知识有机融合的主题式课程。STEM 课程突出逻辑框架，并且有机融合了科学、技术、工程、数学、艺术、历史、地理、生物等学科知识。在完整的学科知识框架中，学生探索并发现问题，进而提高自身解决问题的能力，使学生在直接经验下体会科学家严谨的科学探究精神。在具体的教学实施过程中，每个教学环节都应该贯穿科学实践活动，尤其是技术与工程的科学实践，每项探究活动都需要学生掌握相应的技术，培养学生动手实践的能力。在动手操作的过程中，学生会遇到很多困难，部分学生动手能力强，深刻领会技术要领的学生能够制作出优秀的作品，而很多学生并没有制作出合格的作品,这就需要老师在课程设计中,让每名学生都能够在实际操作中体会技术的重要性。

3. 巧妙设计

在整个课程的设计中,要突出学习产出的环节,通过设计的作品促进知识的融合与迁移,通过作品外化学习效果,促进外显习得的知识与能力。因此,老师在教学过程中要巧妙地设计 STEM 教学环节,学生在完成创意作品的设计中,既有收获知识的成就感,又能激发学生学习的好奇心,整个课程实施不仅要注重科学知识的融合,而且要重视课程的设计性与艺术性。充分结合课堂知识的作品设计活动,即在做中学中培养学生的设计思维,又为学生提供进行艺术创作的空间,进而培养学生的创新意识与科学素养。在设计课程中,老师可以将学生进行分组,使学生在群体协作中相互帮助、相互启发,进行群体性知识建构。对于各种团队协作活动的锻炼,学生除学习知识、提高动手能力外,最大的收获就是学会了如何在群体中进行小组分工与合作,促进学生全面发展。

◇ STEM 课程的评价

对 STEM 课程的评价应采用持续性评价,以形成性评价为主,总结性评价为辅。形成性评价是指在课程的实施过程中注重观察学生的学习过程,及时给予学生改进意见,包括学生设计方案的过程、优化方案的过程和动手操作的过程。总结性评价是指学生最终的项目作品。美国《STEM 2026》报告中提出"要形成一种既能有助于学习方法的确定,又能调整教学资源和资源分配的创新型学习测评方式"。这种评价方式还支持实时的学习评价,通过及时的周期反馈来提高学生的参与度,帮助学生提高理解复杂内容的能力。另外,在整个教学环节中,实时评价可以帮助老师确定有意义的学习模式,从而支持老师调整和改善教学模式。未来的 STEM 教育重在创新,无论是结合大挑战的教育内容,还是游戏化的教学模式,抑或是数字化的实时教学评价都打破了传统的教学模式,学生面对的将是以自主学习、知识重构为主的教学模式。所以,教学评价要结合 STEM 课程的特点,更为灵活地进行课程评价,进而优化教学。

关注学生学科核心素养的养成过程是课程评价的重要内容。从评价的方法上来说,应从 STEM 课程实施的不同阶段的特点与测评的需求出发,尽量采用过程性评价和总结性评价相结合的方式,以多样化的评价方法促进学生核心素养的提升。正如麦克尼尔在分析总结性评价时所提到的观点,评价服务针对目标而不针对课程。目前,我国实施评价的方式有电子作品档案袋、学习平台记录表等信息化的评价信息采集、展示手段，记录学生的学习过程和学习状况，并为所有的学生提供足够丰富的反馈信息。在老师确定的评价标准中，既要以学科核心素养为导向关注相关能力的测评，又要注重基础知识与基本技能的考核，尤其要关注学科的重点知识与核心能力，可以有效提高评价的信度和效度。

关于 STEM 教师的发展

◇ STEM 专业理念

拥有专业的 STEM 教育理念是当前进行 STEM 教育教学的核心。目前，学校对老师从事 STEM 专业理念的重视程度参差不齐。STEM 教育能否真正得到落实并取得成效，与学校领导层和 STEM 教师是否拥有专业的 STEM 教育理念有很大关系。

学校的领导首先是思想的领导，其次才是行政领导。校长对于 STEM 教育有怎样的认识，就会在 STEM 教育发展问题上采取怎样的决策和行动。STEM 教育的发展需要校长的认识与行动、眼界与境界、带头与支持。STEM 教育的实施与校长的专业理念至关重要。

老师是决定教育成效的关键。STEM 教师的 STEM 专业能力的高低，除 STEM 教师自身的努力和自我提高外，校长对 STEM 教师的要求的高度、创设成长环境的优劣都有很大的关系。STEM 教师应立足于跨学科知识的整合，在 STEM 教育教学的观念创新、方法创新，以及专业能力等方面得到全面提高。

总之，拥有专业 STEM 教育教学理念的高素质教师队伍，肯定会是一所高质量的学校。学校应采取必要的激励措施来鼓励 STEM 教师成长，为 STEM 教师提供走出去学习的机会，让 STEM 教师在真实的 STEM 工作场景中努力提升自身的 STEM 素养。

◇ STEM 专业知识

拥有专业的知识是 STEM 教师从事 STEM 教育教学的基础条件。STEM 教育强调跨学科，意味着 STEM 教师的专业知识不仅包括精深的学科知识，还包括广博的人文社会知识、科技类知识、工具类知识、艺术类知识及劳技类知识等。

目前，我国中小学校从事 STEM 教学的老师多为兼职老师，大部分 STEM 教师主要来自教育机构,他们缺乏足够的 STEM 教育专业培训, STEM 教育教学的专业水平还不够高。除兼职老师外,有些学校会由信息技术、通用技术或物理等科学课的任课教老师兼任 STEM 教师,这样势必对 STEM 教育的有效实施造成了一定的影响。

另外,在新实行的教师资格证考核认证方面,国家并没有制定系统化的 STEM 教师准入制度,语文、数学等学科老师已有专门的教师资格考试标准,但还没有 STEM 教师资格考试标准。从这个角度来讲,我们对从事 STEM 教育工作的老师缺乏专业的准入机制,在一定程度上不能保障从事 STEM 教育工作的老师都拥有专业的 STEM 知识。

◇ STEM 专业能力

STEM 教师除拥有专业的 STEM 教育理念和教学知识外,还应具有专业的 STEM 教育能力,这是 STEM 教师的必备素质。STEM 教育对 STEM 教师的专业能力要求,首先要分析强调 STEM 素养对于学生来说最重要的是什么。学生的 STEM 素养是综合、跨界和创新,具体来说,包括科学素养、技术素养、工程素养、数学素养,但它不是简单的累积堆砌,而是多学科融合之后,从知识到技能再到方法,能够迁移去解决综合性的问题。那么对于 STEM 教师的专业能力来说,首先应具备对科学知识的跨学科融合能力,其次是应用工程技术方法的实践能力,然后是对批判性思维、创造性思维的应用能力,此外还应具备与教育结合在一起的项目教学、问题教学的实施能力。

目前,我国师范类院校还没有开设 STEM 教育专业,从事该专业领域的 STEM 教师仍来自独立的某个专门学科。高等院校在培养理科教师方面,课程设置不系统,教学不规范,普遍存在随意和散乱的现象。以师范院校的综合理科(科学教育)专业为例,尽管课程包括物理、化学、生物等学科,但教学以分科为主,缺少工程、技术等与 STEM 密切相关的课程。此外,由于中小学课程的分科教学特征,老师在入职前的学习也是以分科的专业性学习为主,几乎没有综合性课程来培养能担当综合类课程教学的师资。如果对师范类学生的培养还是按绝对分科的模式,那么势必将影响今后的 STEM 教师的专业能力水平,不利于我国 STEM 教育的顺利实施和有效开展。

动动脑筋思考
STEM 教育的未来还有哪些地方需要改进?

6.2 STEM 教育探索之路

如何利用新兴技术支持、推动 STEM 教育的发展，促进 STEM 跨学科之间的有效融合，提高学生的 STEM 学习效率和学习成绩，是目前 STEM 教育未来发展关注的重点。

STEM 与 VR/AR

虚拟现实（Virtual Reality，VR）技术是一门具有交叉技术特性的前沿学科和研究领域。虚拟现实技术能提供实时动态的三维立体逼真图像，理想的虚拟现实技术还具有三维交互功能，能根据用户的动作做出实时响应，并分别反馈到用户的五官。

虚拟现实技术作为新兴技术之一，在我们的日常生活中得到了迅速发展和广泛应用，在教育中也起着重要的作用。将虚拟现实技术引入到 STEM 教育中，能增强学习的趣味性，提高学生的学习动力。

目前，虚拟现实技术在 STEM 教育中已经有所应用。虚拟现实技术凭借能够模拟逼真的交互式环境的独特优势，为学生提供一种全新的、有效的方式来学习 STEM 教育中的一些抽象概念。通过模拟活动所需要的场景，虚拟现实技术满足了 STEM 教育对安全、经济和高效环境的需求，它还克服了许多学生在接受高质量 STEM 教育时所面临的空间和距离的限制。虚拟现实技术常被用来增加在线 STEM 教育平台的实践培训。在基于游戏的学习中，虚拟现实技术的使用为学生创造愉快的学习体验。

未来，STEM 教育工作者可以利用虚拟现实技术将虚拟世界与现实生活中的课程主题联系起来，激发学生在 STEM 领域的学习兴趣，提高学生在 STEM 领域的参与度。在快速推进虚拟现实技术的支持下，STEM 的学习过程将变得越来越有吸引力。

增强现实（Augmented Reality，AR）技术是一种将真实世界信息和虚拟世界信息"无缝"集成的新技术，是把原本在现实世界的一定时间和空间范围内很难体验到的实体信息通过电脑等科学技术模拟仿真后再叠加，将虚拟的信息应用到真实世界中，并且被人类感官所感知，进而达到超越现实的感官体验。

增强现实技术在我们的日常生活中的方方面面都有所应用。一些研究人员指出，提高现实技术水平具有重要意义，且在科学、技术、工程和数学学科尤为重要，它能有效提高学生的多种能力，包括空间能力、实践技能、概念理解和科学探究能力。目前，大多数应用于 STEM 教育的增强现实技术都为学生提供了动手探索平台或模拟情境。在基于现实的基础上，通过增强现实技术为学生提供更丰富、更生动的信息。有研究表明，增强现实技术提高了学生在 STEM 学习中的积极性，如动机、参与性、态度等。

未来的 STEM 教育发展需要进一步探索不同教学设计中的有效学习是如何发生的，以及如何开发基于增强现实的 STEM 学习环境。未来的增强现实技术需要包括元认知脚手架和对基于探究学习活动的实验支持，让学生获得与 STEM 学科相关的基本能力。

STEM 与大数据

大数据在教育领域的运用主要通过教育数据挖掘和学习分析两种途径。教育数据挖掘可以通过挖掘和分析教育相关的数据并提供给学生、老师和管理者。学生可以了解自己的学习特点和学习能力，实现自适应学习；老师可以了解学生的学习情况，预测学生的学习成绩等，管理者可以获得决策支持以改进管理制度，科学地分配教育资源等。学习分析是通过对有关学生及其学习过程的数据加以评价、收集、分析和总结，了解学生的学习情况及其学习环境，并加以优化，为老师、管理者提供反馈。根据反馈，老师可以调整教学方法和策略，使其更加高效，管理者则可调整管理制度，使其更科学、更合理。

美国最新的 STEM 教育监测指标体系就运用大数据的思维方式，实现了对指标相关数据的收集、获取和分析处理，为成功将大数据应用于 STEM 教育监测指标体系的构建与完善奠定了基础。

STEM 教育在未来发展中，要充分利用大数据这种新的思维方式和路径、研究范式和方法、实践工具和手段，建构和完善基于大数据的监测指标体系，建立、健全大数据应用于 STEM 教育的相关技术平台和体制机制，促进 STEM 教育朝着更系统、更个性化的方向发展。

STEM 与人工智能

人工智能是计算机学科的一个分支，它主要是研究和开发智能理论、方法、技术和应用系统，利用计算机来模拟人的思维和行为的一门新的技术科学。人工智能是一门涉及到控制论、语言学、心理学、计算机科学、神经心理学、信息论等领域的学科。

人工智能技术发展迅速且应用广泛，对人们的生活产生了深刻的影响，人工智能在教育领域中的应用对教与学方式的变革起着推动作用。目前，人工智能技术在STEM教育中的应用主要有两方面：一方面，利用人工智能技术为学生创造一个自适应的学习环境；另一方面，学生利用人工智能技术能够提高学习体验，促进深度学习的发生。

已有研究证明，人工智能与教学整合对学习效果起着正面促进作用。当STEM教师进行教学设计时，机器人技术的应用能改变STEM教师对STEM教学的态度，提高STEM教师的STEM教学能力。对于学生来说，在STEM教育中融入人工智能技术（如机器人技术），可促进中小学生对STEM知识的学习，促进在STEM学习中学生关键能力的提高（如空间能力、图形解释能力和图形序列能力等）。

未来，STEM教育将会更多地融入人工智能技术。在STEM课程的设计和开发中运用人工智能技术，更能体现STEM教育对学生的科学技术素养的培养。在STEM教育环境建设中运用人工智能技术，让教学过程智能化，提高学生与STEM教师的体验，实现更高效地学习。

动动脑筋思考
STEM教育还有哪些新兴应用可待探索？

6.3 STEM教育理想之光

在我国，尽管STEM教育前行之路并非一帆风顺，但是伴随着我国把培养创新型人才列为国家战略及核心素养的提出，STEM课程日益受到学校与社会教育机构的广泛重视。有效开展STEM教育是对我国课程体系的丰富，STEM教育的理想愿景的实现程度首先取决于STEM课程实施的落实程度。因此，如何进一步推动STEM课程在中小学的实施，既是我国STEM教育发展的当务之急，又是最终实现创新人才培养目标的重要途径。面对STEM课程从设计开发到实施评价过程中的种种困难，我们应该迎难而上，针对问题找准方向，将STEM教育落到实处。这些STEM教育中的问题及教育工作者对STEM教育的研究为我们有效开展STEM教育提供以下三点启示。

1．调整课程标准及内容，明确培养目标

首先，具有丰富性、挑战性和融合性的课程内容可以使课堂更加实际化，并且贴近生活，帮助学生开阔眼界。相比于传统的课堂教学，学生的角色由学习的被动者转化为主动创新者，不再被固定的解题步骤所束缚，能够更好地培养学生的创新思维。其次，情境性的教学模式使学生的学习空间和过程更加主动化，学生在相对轻松的环境中完成知识的重构。在《中国 STEM 教育 2029 创新行动计划》中也提及了打造一体化 STEM 创新生态系统的计划，倡议博物馆、青少年宫、科技馆等场所积极开发学习空间，成为 STEM 教育非正式学习空间的重要组成部分。学生在科技展览会、博物馆等非正式学习环境中会不断地自我发现、自我重构，由此产生的学习不再仅限于知道，更重要的是运用知识解决生活中的实际问题，培养学生适应未来生活的能力。STEM 课程强调知识和理论的应用性，技术和工程正是应用性的最大体现，当前我国的科学和数学课程标准缺少对技术和工程内容的关注，因此需要调整并融入更多的技术和工程内容，围绕 STEM 跨学科理念，更新数学和科学课程架构，加强内容与社会的联系和应用，这就要求其有对应的课程标准和明确的课程培养目标。在培养目标的指引下，各个学校与教学机构要结合自身的特色，制定具体的 STEM 培养目标，并在课程实施的过程中提供相应的保障措施，防止 STEM 课程目标的利益化。

2. 健全教师制度，开展 STEM 教育专业发展项目

结合多国开展 STEM 教育的经验来看，STEM 教育成熟发展必不可少的因素是教师制度的健全，以完善的教师制度带动 STEM 教师的培养和发展。第一，要有详细的教师准入制度和明确的培养方案，以保证师资质量。在培养 STEM 教师方面，美国联邦政府联合与 STEM 学科相关的教师组织，制定了新的 STEM 教师资格和教师培训规则。第二，逐步使 STEM 课程标准化，保证 STEM 教师符合准入的基本要求。我国在对培养理科教师标准进行 STEM 内容更新的同时，可逐步完善对 STEM 教师资格的认证制度的建设，以教师制度的确立来带动 STEM 教师培养的标准化。第三，在理科师范类学生的培养上，高等师范院校应主动承担起培养 STEM 教师的任务，加快更新数学和科学教师培养方案，增加工程和技术课程内容，为今后制定专业的 STEM 教师培养方案奠定基础。

3. 开拓课程资源，支持资源共享

近几年，我国虽然强调教师资源的平衡分配，但专业的 STEM 教师的数量还远远不够，不能与学生数量和教育现状相匹配。《中国 STEM 教育 2029 创新行动计划》也相应地给出了在建设资源整合和师资培养平台方面的计划，我国未来将以"大中小学为核心，政府干预，第三方积极协助"的合作模式进行 STEM 师资培养，吸引全国高校及地区老师培训机构加入，共同打造 STEM 师资培训高地，帮助老师获得 STEM 学习经验，提高关于工程、科学、数学和技术的本质认识和科学素养，并提倡老师将 STEM 教育融入课堂教学中。加强校内支持，开拓课程资源，为 STEM 课程实施提供可推广的坚实条件。目前，STEM 课程资源由于受到老师、学校、社会等因素的影响，仍处于待开发阶段，因此想要突破 STEM 课程资源发展的瓶颈，就必须结合已有的现实条件，跨界聚合课程资源，扩大 STEM 资源的利用范围。首先，各学校在互相交流的同时，更应与高校建立长期的合作关系，相互学习，共同研讨。通过相互观摩、交流和总结，拓展各学校的 STEM 项目活动和学习机会。其次，加强中小学与高校之间的合作，在扩大高校理工实验室利用范围的同时，还能大大降低中小学 STEM 课程实验项目的投入成本。美国数理特长高中（Math and Science High School，MSHS）就是典型的代表，他们与高校、校友会等组织建立紧密合作关系，这些组织能够为具有数理特长的高中生的 STEM 课程学习提供教室、宿舍、研究机会及资金支持。

总之，STEM 课程的实施是一个系统工程，也是一个渐进发展的工程，在当前强调培养学生创新精神与实践能力，以及在"大众创新，万众创业"的大背景下，理清我国中小学实施 STEM 课程及大学培养 STEM 教师的进程中所面临的问题，寻找顶层设计、制度指引、标准测评、资源建设和教学创新等方面的对策对我国发展 STEM 教育是至关重要的。

动动脑筋思考
STEM 教育未来之路将如何走下去？

参考文献

[1] Loomis. J. M. Presence in virtual reality and everyday life: immersion within a world of representation[J]. Presence, 2016, 25(2): 169-174.

[2] Ma. T, Xiao. X, Wee. W, Han. C. Y, Zhou. X. A 3D Virtual Learning System for STEM Education. Virtual, Augmented and Mixed Reality. Applications of Virtual and Augmented Reality[M]. Springer International Publishing, 2014.

[3] Chen. X. Stem attrition: college students' paths into and out of stem fields. statistical analysis

report. nces 2014-001. National Center for Education Statistics,2013.

[4] Ma T, Xiao X, Wee W, Han C. Y, Zhou X. "A 3D Virtual Learning System for STEM Education," in International Conference on Virtual[J]. Augmented and Mixed Reality, 2014: 63-72.

[5] Bujak. K. R, Radu. I, Catrambone. R, Macintyre. B, Zheng. R, Golubski. G. A psychological perspective on augmented reality in the mathematics classroom[J]. Computers & Education,2013,68, 536-544.

[6] 许海莹. 基于大数据的美国 STEM 教育监测指标体系：分析与启示[J]. 教育测量与评价,2014(9)：18-22.

[7] Stuart. J, Russell, PeterNorvig, 诺维格, 罗素, 祝恩, 殷建平. 人工智能：一种现代的方法（第3版）[M]. 北京：清华大学出版社，2013.

[8] Kim. C. M, Kim. D, Yuan. J, Hill. R. B, Doshi. P, Chi. N. T. Robotics to promote elementary education pre-service teachers' STEM engagement, learning and teaching[J]. Computers & Education, 2015, 91(2)：14-31.

[9] Kim. C. M, Kim. D, Yuan. J. et al. Robotics to Promote Elementary Education Pre-service Teachers' STEM Engagement, Learning, and Teaching[J]. Computers & Education，2015，91(2)：14-31.

[10] 唐烨伟, 郭丽婷, 解月光, 钟绍春. 基于教育人工智能支持下的 STEM 跨学科融合模式研究[J]. 中国电化教育，2017(8)：46-52.

附 录 A

"星空的召唤——PBL 的望远镜主题教育活动"教学案例

第一课时：透镜的奥秘

一、教学目标

1. 知识与技能

(1) 认识透镜的种类及其特征；

(2) 区分实像与虚像；

(3) 认识焦距；

(4) 了解凸透镜的成像规律。

2. 过程与方法

(1) 学会科学探究的方法，培养学生的观察、记录、归纳总结等探究技能；

(2) 通过探究实验，培养学生的动手能力和协作能力。

3．情感、态度与价值观

学生通过化身为"科学家"进行一系列探究实验，让学生了解科学研究的过程，形成严谨的科学态度，了解科技发展对社会的作用。

二、教学重/难点

1．重点：引导学生探究凸透镜的成像规律。

2．难点：焦点、焦距、光路等概念解释。

三、教学场地与教学准备

1．教学场地

科普活动室。

2．教学准备

电影片段；大小、焦距不同的凸透镜、凹透镜和平光镜若干；近视镜、老花镜各一副；光源；凸透镜成像实验材料若干。

四、教学过程

第一阶段：走进望远镜的奇妙世界

阶段目标：让学生了解当今望远镜相关技术的发展，以及望远镜在科技、社会中的应用给我们的生活带来的影响，激发学生的探究兴趣	
教学活动	设计思路
播放电影片段《哈勃空间望远镜 Hubble 3D》，跟着电影镜头感受这个扣人心弦的故事。带领观众体验浩瀚的银河系、恒星的诞生与死亡及天体环境中鲜为人知的秘密，近距离感受在太空中行走的宇航员完成美国航天总署（NASA）布置的最艰难的任务，亲身体验从部署到实施、从令人心碎的挫折到戏剧性的救援过程	情境导入，通过炫酷的、视觉冲击力强的视频片段，让学生了解当今望远镜的相关技术的发展，以及望远镜在社会生活中扮演的重要角色，激发学生的探究兴趣

第二阶段：回到荷兰小镇

阶段目标：导入贯穿整个项目的故事情境：回到过去，从荷兰小镇开始，重走望远镜发明的道路，一步步实现观测宇宙的愿望	
教学活动	设计思路
老师：刚才大家已经看到望远镜技术达到了高度的发展，那么大家知道世界上第一台望远镜是怎么发明的吗？那么下面就跟着我，回到荷兰小镇，看看第一台望远镜是如何发明的。 1608 年，在荷兰的一个小镇里，一家眼镜店的主人利伯希（HansLippershey）为检查磨制的透镜质量，把一块凸透镜和一块凹透镜排成一条直线，通过透镜看过去，发现远处的教堂塔尖好像变大了，于是在无意中发现了望远镜的秘密。然而这个无意的发现带来了人类观察工具的进步与发展，从此也为人类打开了观测宇宙的大门	导入故事情境，让学生直观地感受望远镜发明的历史。了解历史上这些看似无意的发现却可以打开科学研究的大门，为以后的系列教育活动做铺垫

| STEM 创新教学模式与实践

第三阶段：揭开透镜的神秘面纱

阶段目标：从科学家的视角，探究为什么一块凸透镜和一块凹透镜排成一条直线就可以把远处的物体变大，探究凸透镜和凹透镜的成像特点

教学活动	设计思路
老师：在这位眼镜店主人发现这个现象后，众多科学家也纷纷开始研究望远镜。那么现场的各位小科学家们，你们也来开始自己的研究吧！要研究望远镜就要先了解透镜，像老花镜和近视镜一样，它们都是透明的，光从一端射入由另一端射出并且产生了传播方向的偏折，我们把这种镜子称为透镜。 老师引导学生观察透镜，总结透镜的特点。 【探究活动】 1. 摸镜辨区别 　　通过实物触摸的方式，辨识凸透镜、凹透镜、平光镜三种镜片的外观区别，通过学生自主探究观察可得出以下结论。 （1）凸透镜：中心厚、边缘薄； （2）凹透镜：中心薄、边缘厚； （3）平光镜：一样厚。 2. 寻找光斑 　　让学生手持凸透镜放在太阳光或其他平行光源下，寻找光斑。如果换成凹透镜，那么还能找到光斑吗？ 老师总结：透镜是使光线发生折射的一种工具，包括凸透镜和凹透镜。中间厚、边缘薄的是凸透镜，它对透过的平行光线有汇聚作用，光线经过透镜后集中到一点，故也称其为汇聚镜。中间薄、边缘厚的透镜是凹透镜，它对透过的平行光线有发散作用，也称发散镜。透镜的主要作用是聚光和散光。光斑所在的位置称为焦点，焦点到透镜中心的距离称为焦距。 3. 进行实验 　　调整镜片与被观测物体的距离并探究成像规律，引入实像与虚像的概念。 实验目的：探究凸透镜在 1 倍焦距以外所成倒立实像的大小变化。 实验过程：组织学生将光源、凸透镜、光屏直立在光具座上，调整光源、凸	让学生化身"科学家"，研究一些有意义的问题，激发学生兴趣，提高学生探究能力 引起学生对光沿直线传播的认知冲突，激发学生的探究兴趣 发挥此年龄段学生的探究特点，以触摸、观察等直接的方式，建立针对不同种类透镜的认识 学生深入探究透镜成像特点，并且归纳发现其中的规律

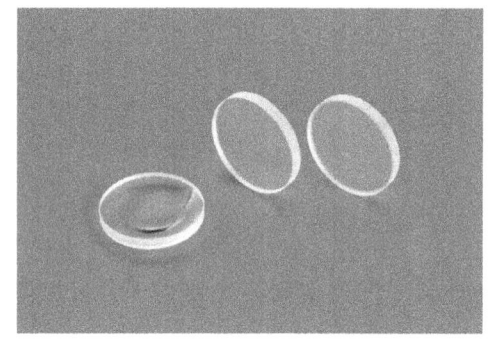

续表

教学活动	设计思路
透镜、光屏三者的位置，看看有什么发现？ 总结：当凸透镜距离光源近且距离光屏远时，光屏上会出现倒立放大的像；当凸透镜距离光源远且距离光屏近时，光屏上会出现倒立缩小的像。 　　将光源放在凸透镜1倍焦距以内，在光屏上还能接收到像吗？把光屏取走，透过凸透镜能看到什么？这个像可以在光屏上显示吗？ 　　在进行探究后，老师总结并引入实像与虚像的概念，即光线通过凸透镜在1倍焦距以外成倒立实像，在1倍焦距以内成正立虚像（放大镜）。 　　老师总结实像的特点：实像可投射在物体上，它是能呈现在光屏上的像，它是由实际光线汇聚而成的。实像既可以在光屏上显示，又可以用眼睛直接观看。 老师：相比于实像来说，同学们想一想虚像可能有哪些特点？ 　　老师总结虚像的特点：若光束是发散的，则实际光线的反向延长线的交点可能产生虚像，虚像不是由实际光线汇聚而成的，而是因为光沿直线传播这个原理而使人产生的错觉。虚像能用眼睛直接观看，但不能在光屏上显示	

第二课时（上）：探秘伽利略望远镜

一、教学目标

1．知识与技能

通过探究实验了解伽利略望远镜的构造、成像原理和成像特点。

2．过程与方法

（1）学会科学探究的方法，培养学生观察、记录、归纳总结等探究技能；

（2）通过探究实验，培养学生的动手能力和协作能力。

3．情感、态度与价值观

学生通过化身为"科学家"进行一系列探究实验，让学生了解科学研究的过程，形成严谨的科学态度，了解科技发展对社会的作用。

二、教学重/难点

1．重点：引导学生探究伽利略望远镜的构造和成像原理。

2．难点：伽利略望远镜的成像原理。

三、教学场地与教学准备

1．教学场地

科普活动室。

2. 教学准备

光学积木套材。

四、教学过程

第一阶段：走近伽利略望远镜

阶段目标：导入故事情境，伽利略发明了人类历史上第一台天文望远镜，开辟了天文学的新时代	
教学活动	设计思路
老师：我们已经知道，1608年荷兰小镇的眼镜师发现了望远镜的秘密，于是众多科学家纷纷开始研究望远镜。那么，接下来望远镜会有怎样的发展呢？ 　　1609年5月，正在威尼斯做学术访问的伽利略偶然间听到一则消息：荷兰有人发明了一种能望见远景的"幻镜"，这使他怦然心动，他匆匆结束行程，回到大学，一头钻进了实验室。不到3个月的时间，这位45岁的教授已经仿造出了两台望远镜，更不同寻常的是，他把望远镜指向了星空！ 　　伽利略把望远镜指向了月球，看见月球表面上布满了环形山。在地球附近有一个与之相仿的世界，这无疑降低了地球在宇宙中的特殊地位。他又看见太阳上不时出现的黑斑——太阳黑子，日复一日地从太阳东边移向西边。这就明确地告诉人们，巨大的太阳在不停地自转，那么，远比太阳小得多的地球也在自转就不足为奇了。伽利略从望远镜里看到，银河原来是由密密麻麻的大片恒星聚集在一起形成的，而且他还看见了前人从未见过的大量的、比六等星更暗的星星，这就说明了古希腊天文学家并不通晓有关宇宙的全部知识，所以人们不应盲目地接受古希腊人的地心宇宙体系。看来，宇宙远比任何前人可能想到的更加浩瀚和复杂。 　　接着，伽利略又把他的望远镜指向行星。1610年1月，他从望远镜中看到木星附近有4个光点，它们的位置夜复一夜地在木星两侧来回移动，但其位置总是大致在一条直线上，并且始终离木星不远。伽利略断定，这些小亮点都在稳定地绕木星转动，犹如月球绕着地球转动一般，这便是木星的4颗卫星。很多天文知识的发现都得益于伽利略望远镜的发明。因此1609年也成为近代天文学的起点	情境导入，让学生了解人类历史上第一台天文望远镜的发明过程和由此带来的天文学重大发现，以及对天文学的深刻影响，激发学生对望远镜的探究兴趣

第二阶段：化身伽利略，发明望远镜

阶段目标：化身伽利略，探索伽利略望远镜的发明过程，体验科学家进行科学研究的过程，培养科学态度	
教学活动	设计思路
老师：伽利略是怎么从荷兰小镇的故事得到启发的，并且在短短3个月内就创造出人类历史上第一台天文望远镜的呢？上节课我们已经探究了凸透镜和凹透镜的成像特点，对透镜已经有了认识。那么现在，大家就是伽利略了，发明出你自己的望远镜吧！ 【探究活动】 1. 比较凸透镜 　　将300 R、170 R、40 R三种凸透镜进行比较，探究它们的区别。 2. 引入三种探究过程 　　（1）通过镜片上的读数来区别透镜； 　　（2）用手触摸，通过辨识的透镜厚度进行区分； 　　（3）通过成像观察法进行区分。 结论：曲率半径越小，镜片越厚，焦距越短，对光的折射能力越强	让学生化身伽利略，研究、发明望远镜，激发学生的兴趣，培养学生的探究能力 智高光学套件中共有三种规格的凸透镜（300 R、170 R、40 R），一种规格的凹透镜（40 R），通过简单的探究活动让学生熟悉这几种透镜

续表

教学活动	设计思路
【学生活动】 1．制定研究计划 　　学生分组制定计划，要怎样组合透镜才能制作出望远镜，列出几种制作方案（可能是不同曲率半径的凹透镜和凸透镜的组合）。 2．活动探究 　　分发智高光学积木套材，让学生验证制作方案，比较成像情况，得到可行方案。 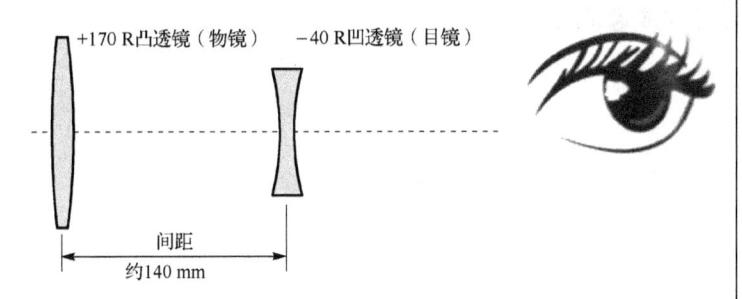 +170 R凸透镜（物镜）　　−40 R凹透镜（目镜） 间距 约140 mm 3．汇报交流 　　小组汇报探究结论，分享成功和失败的经验，共同总结得出怎样的透镜组合方案可以实现望远镜的制作。 　　老师最后做总结指导。 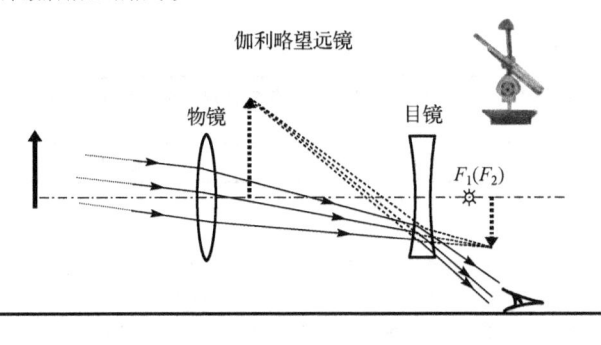 伽利略望远镜 物镜　　目镜 $F_1(F_2)$	根据此年龄段学生对新事物探究的特点，让学生先根据猜想做出研究计划，然后在方案实施过程中不断修正，从而深化理解

第二课时（下）：揭秘开普勒式望远镜

一、教学目标

1．知识与技能

通过探究实验了解开普勒式望远镜的构造、成像原理和成像特点。

2．过程与方法

（1）学会科学探究的方法，培养学生观察、记录、归纳总结等探究技能；

（2）通过探究实验，培养学生的动手能力和协作能力。

3．情感、态度与价值观

学生通过化身为"科学家"进行一系列探究实验，让学生了解科学研究的过程，形成严谨的科学态度，了解科技发展对社会的作用。

二、教学重/难点

1．重点：引导学生探究开普勒式望远镜的构造和成像原理。
2．难点：开普勒式望远镜的成像原理。

三、教学场地与教学准备

1．教学场地

科普活动室。

2．教学准备

光学积木套材。

四、教学过程

第一阶段：走近开普勒式望远镜

阶段目标：导入故事情境，德国科学家约翰内斯·开普勒于1611年发明了开普勒式望远镜，几乎所有的折射式天文望远镜的光学系统都为开普勒式	
教学活动	**设计思路**
老师：继伽利略制造出了伽利略望远镜后，不久，德国天文学家约翰内斯·开普勒于1611年发明了开普勒式望远镜。 开普勒用新的望远镜观测天象，将自己的恩师丹麦天文学家第谷观测到的777颗恒星扩展为1005颗，1627年编制并出版了《鲁道夫星表》，其准确度高，被视为标准星表。并且开普勒在整理第谷长达30年的天文观测资料时，发现了行星运动的三大规律，后人赞颂开普勒为"宇宙的立法者"。天文望远镜打开了宇宙的大门，伽利略发现了新宇宙，开普勒为星空制定了法律。 我们知道，在相当长的时间里，人们都信奉托勒密的"地心说"，而哥白尼的"日心说"并没有使人信服。直到1609年，伽利略发明了天文望远镜，并以此发现了一些可以支持"日心说"的新的天文现象（木星体系的发现直接说明了地球不是唯一的中心，金星"满盈"的发现也暴露了托勒密体系的错误），"日心说"才开始引起人们的关注。然而，由于哥白尼的"日心说"所得到的数据与托勒密体系的数据都不能与第谷的观测相吻合，因此"日心说"此时仍不具优势。直至开普勒三大定律的提出，以椭圆轨道取代圆形轨道修正了"日心说"之后，"日心说"在与"地心说"的竞争中才取得了真正的胜利。 现在几乎所有的折射式天文望远镜的光学系统都为开普勒式。它为何如此强大而受到人们的青睐呢？它与伽利略望远镜又有哪些不同呢？让我们来一起认识开普勒式望远镜	情境导入，让学生了解开普勒式望远镜的发明过程，以及它对以后望远镜发展的深刻影响，激发学生的探究兴趣

第二阶段：化身开普勒，制作望远镜

阶段目标：化身开普勒，探索开普勒式望远镜的发明过程，体验科学家进行科学研究的过程，掌握科学方法	
教学活动	设计思路
老师：大家在上节课中已经深入了解了伽利略望远镜，我们知道伽利略望远镜是由一块凸透镜和一块凹透镜构成的，那么如果把两块镜片都换成凸透镜会怎么样呢？大家一起来试试，看着有什么神奇的效果。 【学生活动】 1．制定研究计划 　　学生分组制定计划，怎样组合透镜才能制作出望远镜，列出几种制作方案（可能是不同曲率半径的凸透镜和凸透镜组合）。 2．活动探究 　　分发光学积木套材，让学生验证制作方案，比较成像情况，得到可行方案。 3．如果多个镜片叠加使用会怎么样呢？ 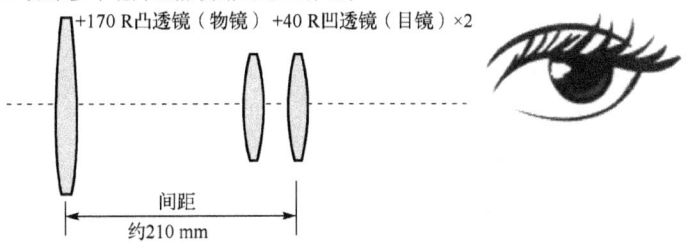 　　　+170 R凸透镜（物镜）　+40 R凹透镜（目镜）×2 　　　　间距 　　　约210 mm 4．汇报交流 　　小组汇报探究结论，分享成功和失败的经验，共同总结得出怎样的透镜组合方案可以实现望远镜的制作。 　　最后老师做总结指导。 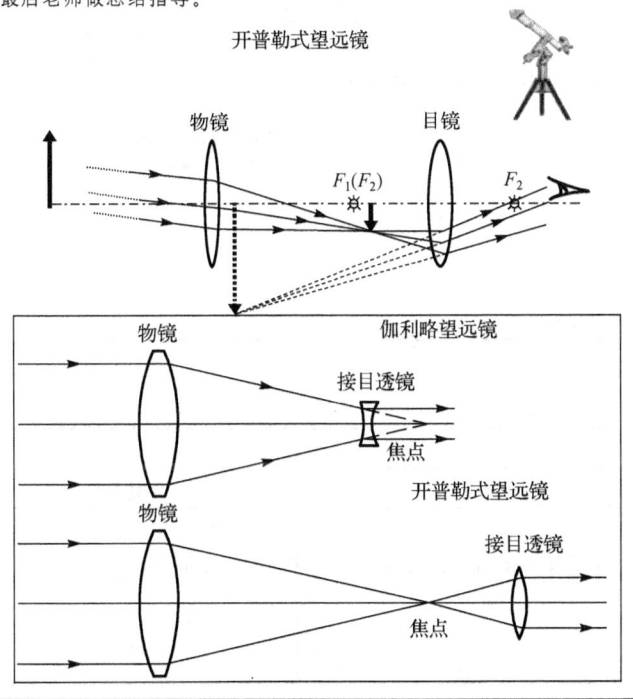 开普勒式望远镜 物镜　目镜 $F_1(F_2)$　F_2 伽利略望远镜 物镜　接目透镜　焦点 开普勒式望远镜 物镜　接目透镜　焦点	让学生化身开普勒，研究、发明望远镜，激发学生的兴趣，培养学生的探究能力 发挥此年龄段学生对新事物探究的特点，让学生先根据猜想制订研究计划，在实施计划的过程中不断修正，从而深入理解

第三课时：动手制作望远镜

一、教学目标

知识迁移，将前两个课时所学内容学以致用，拼装出完整的望远镜，并检验其观测效果。

二、教学场地与教学准备

1．教学场地
科普活动室。

2．教学准备
光学积木套材。

三、教学过程

第一阶段：动手拼装

阶段目标：知识迁移，将前两个课时所学内容"学以致用"，拼装出完整的望远镜	
教学活动	设计思路
老师：我们已经探究出了制作伽利略望远镜和开普勒式望远镜的最佳方案，那么现在我们就要制作出一个真正的望远镜。 【学生活动】 1．制定计划 　　学生根据伽利略望远镜和开普勒式望远镜的成像效果和制作复杂程度，确立制作目标，明确制作步骤。 2．实施计划 　　分工协作，利用光学积木套材协作搭建望远镜	学以致用，让学生知识迁移，培养学生动手能力和团队协作能力

第二阶段：小试牛刀

阶段目标：检测拼装出的望远镜	
教学活动	设计思路
【学生活动】 1．进入展厅的宇宙之奇展区，实地观测"望远镜寻物"的三个星云，比较哪个望远镜的观测效果更好。 2．分享检验效果，互相交流经验。 3．老师总结。	实地检验作品，互相交流经验，促进共同提高

第四课时：知识延伸

一、教学目标

1．知识与技能

（1）了解凹面镜、平面镜对光的反射效果；

（2）了解牛顿反射式望远镜的成像原理；

（3）简单了解射电望远镜和哈勃空间望远镜。

2．过程与方法

学会科学探究的方法，培养学生观察、归纳总结等探究技能。

3．情感、态度与价值观

了解天文望远镜的发展史，体会人类对宇宙的探索欲望，科技的发展丰富了我们的知识，让我们更好地认识世界。

二、教学重/难点

1．重点：了解继折射式望远镜之后的天文望远镜的发展历史。

2．难点：反射式望远镜的成像原理。

三、教学场地与教学准备

1．教学场地

二层展厅的宇宙之奇展区和光影之绚展区。

2．教学准备

凹面镜、凸面镜、平面镜，光源。

四、教学过程

第一阶段：走近反射式望远镜

阶段目标：了解凹面镜、平面镜对光的反射效果及牛顿反射式望远镜的成像原理	
教学活动	设计思路
老师：我们之前接触到的伽利略望远镜和开普勒式望远镜的物镜都是凸透镜，它们都属于折射式望远镜，二者都由两个镜片组成，工作原理并不复杂，但二者的缺点却都很明显，伽利略望远镜的放大倍数小，而开普勒式望远镜的镜筒太长。有没有一种望远镜既有较大的倍率而且镜筒又不长呢？反射式望远镜就有这样的优点	

续表

教学活动	设计思路

第一台反射式望远镜诞生于 1668 年，它是由英国的物理学家、天文学家牛顿发明的。牛顿经过多次磨制非球面的透镜均宣告失败后，决定采用球面反射镜作为主镜，用反射镜代替折射镜。牛顿制造的第一台反射式望远镜引起了人们的关注。后来牛顿又制作了第二台反射式望远镜，于 1672 年 1 月 11 日送给英国皇家学会，目前这台反射式望远镜仍在英国很好地保存着。
  反射式望远镜的发明为望远镜家族增添了新的活力，人们以极大的热情研究不同类型的反射式望远镜。而在反射式望远镜加工制造者中，贡献最为突出的是英国天文学家威廉·赫歇尔。
  威廉·赫歇尔的人生非常传奇，他最开始是一位乐师，但他的爱好很广泛，特别渴望观测浩瀚的宇宙、观测美丽的行星和神奇的恒星。赫歇尔最初用折射式望远镜观察天体，但感觉效果不理想，因此他为探索宇宙奥秘寻找更合适的仪器，后来他转向了反射式望远镜。
  1774 年，赫歇尔成功地安装了一台口径 15 cm，焦距 2.1 m，放大 40 倍左右的牛顿反射式望远镜。通过这台望远镜，他第一次成功地看到猎户座大星云，并清楚地辨认了土星的光环。特别是在 1781 年 3 月 13 日，赫歇尔在观测天体时，偶然在望远镜中观测到天体不是一个光点而是呈现出一个圆面。开始他认为发现了新彗星，但进一步观测，发现这个天体像行星一样环绕太阳运动，以后证实这是一颗远离太阳 28 亿 km 的新行星，被命名为天王星。天王星的发现轰动了英国，赫歇尔立即被选为英国皇家学会会员，被授予显赫的荣誉，并且获得了"科普利奖"。
	情境导入，让学生了解反射式望远镜相对于折射式望远镜的优越性，以及反射式望远镜带来的重大天文发现，激发学生的学习兴趣

【探究实验】
1．摸镜辨区别
  老师分发凹面镜、凸面镜和平面镜，通过实物触摸的方式，辨识三种镜片的外观区别，以及面镜和透镜的不同。
2．将光源照射在三种镜面上，观察三种镜面对光线的作用。
  面镜对光都有反射作用，凹面镜对光有汇聚作用，凸面镜对光有发散作用。平行光束经过凹面镜反射后可以汇聚在一点，这个点称为凹面镜的焦点。
  老师：牛顿反射式望远镜的物镜就是刚才我们看到的这种凹面镜，它安装在望远镜筒的后面，可以把光线汇聚到望远镜筒的前面，在焦点处固定一个平面镜，这个平面镜可以反射光线，把光线方向调转 90 度，然后射在望远镜筒壁的目镜上，这就是牛顿反射式望远镜的工作原理。
 	
  （图：牛顿反射式望远镜结构示意图，标注有"成像平面""调焦装置""第二反射镜""主反射镜"）
 	
  然而反射式望远镜的校准比较困难，不容易调节，不适合地面应用。展厅中的天文望远镜也是反射式望远镜，大家可以尝试使用
	发挥此年龄段学生对新事物探究的特点，以触摸、观察等直接方式建立针对不同种类面镜的对应关系

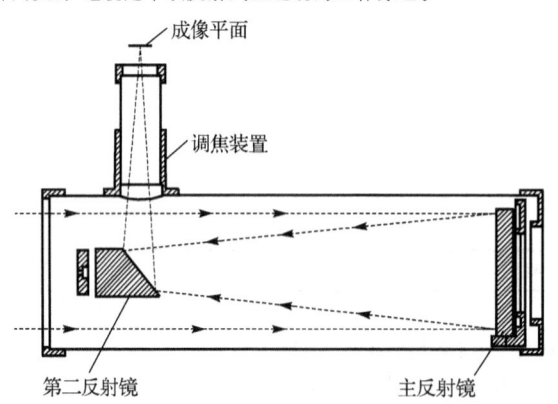

第二阶段：人类"天眼"——射电望远镜

阶段目标：了解电磁波大家族和射电望远镜的工作原理

教学活动	设计思路
老师：沿着望远镜发展的脚步一路走来，我们发现通过不断更换望远镜镜片、增长望远镜镜筒、增大望远镜口径，进而可以看到更远、更壮丽的景色。但是如果再更换望远镜镜片也看不到更远的景物，那么该怎么办呢？ 　　我们知道眼睛之所以可以看到物体是因为有光射进我们的眼睛，恒星自身可以发光，而一些星体可以反射恒星的光被我们看到，如果有些星体发出的不是可见光，那么我们可以还看到吗？天体除发出可见光外，还发出很多我们人眼看不见的光，包括射电波、红外线、紫外线、X 射线等。可见光与肉眼看不见的光的本质是相同的，它们都是电磁波，让我们一起认识电磁波大家族（带领学生参观展品电磁波大家族）。	结合相关展品让学生更好地了解可以观测不可见波段的望远镜
大家看，这就是射电望远镜的模型，大家知道这口"大锅"是什么吗？射电望远镜可以接收无线电波，大家看这口"大锅"的形状，是不是很像凹面镜呢？它就是利用这样的装置将接收到的无线电波汇聚到焦点。 　　目前，世界上最大的单口径射电望远镜已在我国贵州建成，500 m 口径球面射电望远镜（Five-hundred-meter Aperture Spherical radio Telescope, FAST）将在未来 20~30 年保持世界一流设备的地位。 　　独门绝技一："大口径，看得远"理论上说，FAST 能接收到 137 亿光年以外的电磁信号，这个距离接近于宇宙的边缘。 　　独门绝技二："灵活自如的巨眼"，根据 FAST 的工作原理，当它观测天体时，会随天体的方位变化而变化，在其 500 m 的球冠状主动反射面上实时形成一个 300 m 直径的瞬时抛物面，并通过这个 300 m 的抛物面来汇聚电磁波。 　　独门绝技三："毫米精度"，FAST 的设计目标是把覆盖 30 个足球场的信号聚集在药片大小的空间里，否则无法"监听"到宇宙中微弱的射电信号。500 m 的结构处处都是毫米级的精度。 　　独门绝技四："深空猎手"	知识扩展，简要介绍 FAST，激发学生民族自豪感和对科技的兴趣

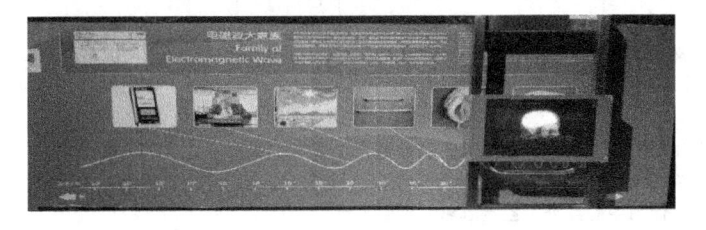

第三阶段:"空间天文台"——哈勃空间望远镜

阶段目标:了解哈勃空间望远镜及其他一些太空望远镜	
教学活动	设计思路
早在 20 世纪 40 年代,就有人提出将望远镜送入太空的想法,这个人就是美国天体物理学家莱曼·斯必泽,他于 1945 年提出了太空望远镜的概念,这个设想在当时非常超前。那么,为什么要把望远镜送上太空呢? 　　我们已经知道,天体除发出可见光外,还发出很多我们人眼看不见的光,包括射电波、红外线、紫外线和 X 射线等。虽然来自天体的各种辐射本质相同,但地球大气对它们的反应却大相径庭。一些波段的辐射因被地球大气反射、吸收和散射而无法抵达地面,所以要想在一些无法穿透大气层的波段上观测宇宙就需要把望远镜送上太空。当然,即使是可以抵达地面的波段(如可见光),还是由于太空望远镜不受大气的干扰,因此在太空中观测的效果也比地面好得多。 　　20 世纪 70 年代,为了实现在多种波段上看清宇宙的真面目,天文学家们实施了一个名为"大型观测台"的太空望远镜计划,在这个计划的带动下,各种大型太空望远镜陆续升空。 　　哈勃空间望远镜是"大型观测台"计划的首个成员,主要工作在可见光波段,其光学设计和人眼视物的原理非常接近。 　　斯必泽太空望远镜是"大型观测台"计划中的红外太空望远镜,主要工作在近红外和中红外波段。赫歇尔望远镜是一台远红外太空望远镜,詹姆斯·韦伯太空望远镜是观测能力更强的红外太空望远镜,它们将人类的视线延伸到宇宙遥远的幼年期,使我们看到宇宙诞生不久后的状态	让学生了解太空望远镜的优势 以讲故事的形式,让学生了解太空望远镜

动动脑筋思考

上述教学活动案例各有哪些优缺点?

附 录 B

UTOP 评价方案

测量维度	课堂观察要点
1. 课堂环境	(1) 课堂参与（Engagement）：老师创造良好的课堂氛围，让学生提出想法、问题、猜测和意见。 (2) 课堂互动（Interaction）：学生之间通过合作解决问题，如通过对课程进行讨论得出问题的答案。 (3) 课堂对话（Conversation）：通过分析学生的对话，能够显示出学生积极、深入地思考课堂问题。 (4) 学生专注（On-Task）：在课堂上学生专注于课堂任务。 (5) 课堂管理（Management）：老师的指令清楚、有效，学生能保持良好的课堂纪律。 (6) 课堂布置（Organization）：课堂内的设施和教具可以满足学生上课需要。 (7) 课堂公平性（Equity）：课堂环境对不同学生公平一致，不因为学生的年龄、性别和身体条件有差异。
2. 课程结构	(1) 课程顺序（Sequence）：课程的结构明确，学生有清晰的学习目标和学习方法。 (2) 重点突出（Importance）：课程关注重要的科学概念，而不是以应试为主的解题技巧。 (3) 即时评价（Assessment）：老师能随时评估学生对知识的理解程度。 (4) 课程探索（Investigation）：老师能够提出探索性问题，帮助学生理解重要概念。 (5) 课程资源（Resource）：利用视频、音频、模型等工具展示课程内容，有效地帮助学生理解概念。 (6) 课程反思（Reflection）：老师课后对自己授课的情况总结并加以改进。

续表

测量维度	课堂观察要点
3. 执行效果	(1) 提问（Questioning）：老师通过提问的方式提高学生的关注度。 (2) 参与（Involvement）：老师尽量让所有学生参与到课程中，加强学生之间的交流。 (3) 调整（Modification）：老师通过测验了解学生的学习进度，并能随之调整课堂内容。 (4) 时间分配（Timing）：课程各部分内容安排合理，给学生留下思考和理解的时间。 (5) 联系（Connection）：课程的内容和活动能够让学生联系到以往的知识和经验。 (6) 安全性（Safety）：老师在讲授课程时，能够联系与安全、环境、伦理等相关的问题。
4. 教学内容	(1) 意义（Significance）：课程内容有意义，符合学生的认知发展水平。 (2) 水平流畅性（Fluency）：老师对课程理解深刻，对学生的指导有效且流畅。 (3) 准确性（Accuracy）：老师的板书等展示材料内容准确。 (4) 评估（Assessment）：老师的提问、随堂测试、作业等与教学目标紧密结合。 (5) 抽象（Abstraction）：对概念和知识的抽象表述合理，有助于学生理解。 (6) 相关性（Relevance）：阐述内容在知识系统中的重要性。 (7) 交互性（Interconnection）：介绍本学科知识学科中的相关应用。 (8) 社会影响（Societal impact）：解释课程内容在现实中的作用，以及其历史地位和影响。

注：此表出自参考文献：曹慧，毛亚庆. 美国课堂教学质量评估系统的探索与反思[J]. 全球教育展望，2017，46(1): 79-89.